情商高
就是说话让人舒服 2

没有拿不下来的单，只有不会说话的销售！

朱凌 常清 著

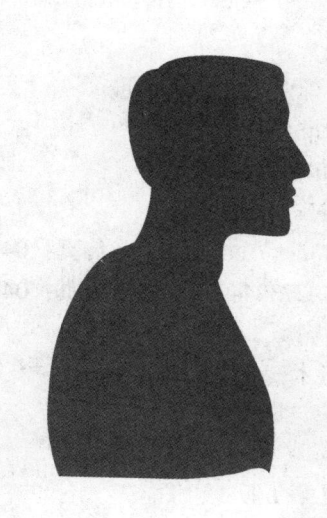

Emotional Quotient

延边大学出版社

图书在版编目（CIP）数据

情商高，就是说话让人舒服. 2 / 朱凌，常清著. —延吉：延边大学出版社，2017.6
ISBN 978-7-5688-2521-4

Ⅰ.①情… Ⅱ.①朱… ②常… Ⅲ.①口才学 – 通俗读物 Ⅳ.①H019-49

中国版本图书馆 CIP 数据核字（2017）第 100125 号

情商高，就是说话让人舒服. 2

作者：朱 凌 常 清
责任编辑：李逢雨
装帧设计：仙 境
出版发行：延边大学出版社
社址：吉林省延吉市公园路 977 号　　邮编：133002
网址：http://www.ydcbs.com
E-mail：ydcbs@ydcbs.com
电话：0433-2732435　　　　传真：0433-2732434
发行部电话：0433-2732442　　传真：0433-2733056
印刷：北京嘉业印刷厂
开本：170×240 毫米　1/16
印张：14　　　　　　　字数：230 千字
印数：2000 册
版次：2017 年 6 月第 1 版
印次：2017 年 6 月第 1 次
ISBN 978-7-5688-2521-4

定价：38.00元

目　录

第 1 章　化解"抵触情绪"的话
——十句开场白套话，抵不过一句高情商闲聊

解除客户"心防"：情商不高，距离不近　/ 002
开场白不谈销售如何开场　/ 008
提升情商，就是提升你面见客户的能力　/ 012
成功的要件是先把自己推出去　/ 018
电话推销，如何快速找到决策人　/ 021
掳获客户芳心的开场白方式　/ 027
第一句话很重要，结尾也要好好说　/ 035

展示"专业水准"的话
——带着情商介绍产品，让客户喜欢听、放心买

第 2 章

熟知产品，成为客户心中期待的"行家" / 038
解答客户疑虑，产品推荐的好时机 / 041
话不多说，只推销顾客需要的价值 / 043
不盲目推荐，是一项情商技能 / 047
激发客户占有商品的欲望 / 051
坦白小缺点，赢得大订单 / 058
终极演示话术 / 061

发掘"购买需求"的话
——会问问题凭技巧，能问出需求靠情商

第 3 章

发现客户真正想要的东西，100%成交 / 068
想让客户买更多，每一步提问都需要高情商 / 071
肯定回答，不断增强客户购买决心 / 076
问题转机：一个好问题就是一次机会 / 083
有目的性的提问才有价值 / 088
"二选一"法则，把握沟通主动性 / 091
从把握客户心理方面，优化提问技巧 / 094

提升"好感程度"的话
——你无法让产品更好，但能让客户更喜欢买你的产品

第 4 章

同等条件下，如何让客户要你的东西　/ 098

好话能说到点子上，就是高情商　/ 101

想让销售进行得更顺利？那就听客户说　/ 103

开发新客户，特别讲究同理心　/ 111

把推销说成服务，你的情商太高了　/ 113

你重视我，我就喜欢你　/ 116

完美的"第一印象"有助沟通　/ 121

应对"客户拒绝"的话
——先问出反对意见，再说服，情商高到没对手

第 5 章

顾客挑剔就意味着购买　/ 126

你的热心必须用对地方　/ 129

当客户说"我不需要"时　/ 132

你的情商能否做到邀请顾客来免费体验　/ 136

闲聊营造气氛，情商把握时机　/ 138

当销售陷入僵局，情商是如何起作用的　/ 142

被拒绝很正常，说服客户讲技巧　/ 144

促成"签单成交"的话
——高情商销售员，赢在擅于抓住成交时机

第 6 章

找到关键点，给顾客一个成交的理由 / 150

善用"以退为进"策略，产品卖翻天 / 157

碗里的订单又飞了？想成交你得小心这三点 / 160

换位思考，识别成交信号 / 166

为客户着想，实现附加销售 / 169

借暗示的力量促成交 / 171

高情商，卖构想也赚大钱 / 177

打造"长久合作关系"的话
——把"买卖"变为"合作"，就是所谓的情商销售

第 7 章

玩不转情商，就解决不了投诉 / 180

每段合作关系里都有一位"情商"先生 / 187

对待抱怨，要有听出弦外之音的本事 / 195

不会被客户讨厌的人情营销 / 199

做好售后，让每个人都愿意跟你做生意 / 203

高情商销售员的八项修炼 / 208

第 1 章

化解"抵触情绪"的话

——十句开场白套话,抵不过一句高情商闲聊

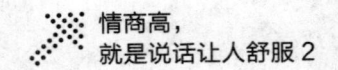

解除客户"心防"：情商不高，距离不近

开启销售的秘密武器

在人与人的交往过程中，人们总是对和自己持相似观点或者拥有同样感受的人表现出更大的兴趣，甚至会出现"惺惺相惜"的情况。人和人之间的行为模式越相似，越容易拉近彼此之间的距离。心理学研究发现，对生活所持的态度、信念和价值观相似的人容易彼此认可。即便原来并不熟悉，拥有相似经历与看法的人们也很容易消除陌生感，从而达成某种程度的默契。如果在销售工作中，销售人员能够洞察到客户的心态与情绪，进而与客户达成某个方面的"心理共鸣"，那么销售成功的概率将大为提高。

所谓共鸣，原本指的是发声器件的频率如果与外来声音的频率相同时，则它将因共振的作用而发声，这种声学中的共振现象叫作"共鸣"。不仅在物理学中是如此，在人与人交往的过程中，人们的心理层面也有类似的现象。当人们在思想情感、审美趣味等方面有相同的感受时，就会引发共鸣。

第 1 章
化解"抵触情绪"的话

美国著名的人际关系学大师戴尔·卡耐基曾经在其书中提到过这样一则销售故事：

费拉达尔菲亚电器公司的约瑟夫·韦伯，有一次去考察宾夕法尼亚州一个富有的农业地区。他经过一家管理良好的富裕农家时，问那里的销售代表为什么他们不使用电器。

"他们太小气了，不但做不成生意，"公司的销售代表厌恶地说，"他们还对电器公司抱有很大的成见。我看是没救了。"

但韦伯决定亲自试一下，他敲了敲那家农户的门，门开了，一位老妇人出来了。她一看到同行的电器公司的销售代表，马上就把门又关上了。韦伯再次敲门，老妇人这次把门开了一道缝，然后就开始滔滔不绝地讲述对电器公司的意见。

"不好意思，我想您误会了。我们不是来这儿卖电器的，我是来买鸡蛋的。"

老妇人不相信地望着韦伯他们。

"瞧你那些多米尼克鸡，看起来多棒呀，我们想买些新鲜的鸡蛋。"

门开大了一些，"你凭什么说我的鸡是多米尼克鸡？"她惊奇地问。

"我家里也养鸡，我还没见过这么漂亮的多米尼克鸡呢。"

"你自己家里不是也有鸡蛋吗？"她仍然有些不相信。

"我家的鸡下的蛋是白皮的。做蛋糕的时候，最好是用红皮的蛋，而我太太很喜欢做蛋糕。"

老妇人这才放心地走了出来，态度也好了起来。这时韦伯向四周看了看，看到有一个牛棚非常漂亮。于是韦伯说："我猜，您养鸡所挣的钱一定比您先生养牛挣的钱多。"老妇人这下子乐了！看来韦伯说到了她的心里，虽然她那位固执的丈夫对此并不认同。

　　随后，老妇人还领着韦伯看了她的鸡棚，韦伯发现她装了各种小机械装置，他对此大为称赞，还同她聊起饲料和温度的话题，并请教了几个饲养方面的问题。很快，他们就在这种交流中都变得很愉快。

　　过了一会儿，她告诉韦伯，她有些邻居在鸡棚安装了电器，听说效果不错。她希望得到一些建议，是否有必要装电器。

　　事情发展得很顺利，大约两周之后，这位老妇人在鸡棚安装了专门的灯光及电器装置。韦伯卖掉了电器，老妇人的鸡也更能下蛋了。你能说韦伯不是创造双赢的"艺术家"吗？

　　在这个故事中，韦伯能够取得销售的成功，其原因可以完全归功于他在观察之后所营造出的"心理共鸣"。如果韦伯没有从心理共鸣的方面入手，而是按照传统的方式去推销电器的话，其结果可想而知。

　　兴趣、爱好、经历、情绪、价值观等多方面因素都能引发人与人之间的心理共鸣。所以在销售过程中不要急于兜售商品，而且销售向前推进的线索最好不要建立在商品之上，因为这样的销售方式容易让客户产生一种毫无温情的感觉。聪明的销售人员一般会先从细节观察及沟通交流中了解客户的心理状况及兴趣所在，然后找出能够引起心理共鸣的方面来作为销售的切入点。

　　销售不单是你买我卖的过程，同时也是一个人与人的沟通联络过程。在销售过程中，如果能找到与客户交流的心理线索，并且按照其情绪倾向，以彼此共同的体会或兴趣点作为开端，将会收到非常好的效果。

第1章
化解"抵触情绪"的话

以客户的关注点为话题

设计开场白,对于不同身份的人,销售人员要会巧妙有创意地切入话题,用精彩的开场白抓住顾客的心,从而让其不自觉地陷入自己预先设置的"圈套"里。

张宇是戴尔公司的销售代表,他得知某省税务局将于今年年中采购一批服务器。林副局长是这个项目的负责人,他正直敬业,与人打交道总是很严肃。张宇为了避免两人第一次见面出现僵局,一直在思考一个好的开场白。直到他走进了税务局宽敞明亮的大堂,才突然有了灵感。

"林局长,您好,我是戴尔公司的小张。"

"你好。"

"林局长,我这是第一次进税务局,进入大堂的时候感觉到很自豪。"

"很自豪?为什么?"

"因为我每个月都缴纳几千元的个人所得税,这几年加在一起有几十万了吧。虽然我算不上大款,但是缴的所得税也不比他们少。今天我一进税务局的大门,就有了不同的感觉。"

"噢,这么多。你们收入一定很高,你一般每个月缴多少?"

"根据销售业绩而定,有的销售代表做得好的时候,可以拿到两万元,这样他就要交好几千元的个人所得税。"

"如果每个人都像你们这样缴税,我们的税收任务早就完成了。"

"对呀。而且国家用这些钱去搞教育、基础建设或者国防建设,对我国早日成为经济强国大有益处。"

"不错。但是个人所得税是归地税局管，我们国税局不管个人所得税。"

"哦，我对税务不了解。我这次来的目的是想了解一下税务信息系统的状况，而且我知道您正在负责一个国税服务器采购的项目，我尤其想了解一下这方面的情况。戴尔公司是全球主要的个人电脑供应商之一，我们的经营模式能够为客户带来全新的体验，我们希望能成为贵局的长期合作伙伴。首先，我能否先了解一下您的需求？"

"好吧。"

开场白就是推销员见到客户以后的第一次谈话，在与客户面谈时，不应只是简单地向客户介绍产品，而是首先要与客户建立良好谈话氛围。因此，一个好的开场白，对推销员来说无疑是推销成功的敲门砖。

案例中，作为戴尔公司的销售代表，张宇要拿下省国税局的服务器采购项目，他知道开场白的重要性，因此在与客户见面之前就进行了思考，这是平时养成的优良习惯。当他看到国税局气派的大堂时，灵机一动，心里就知道如何开口了。

于是在见到主管这个项目的林副局长后，他开口便说："我这是第一次进税务局，进入大堂的时候感觉到很自豪。"这句话使对方感觉到两人的距离一下子就拉近了，陌生感也消除了很多。客户在好奇心理的作用下，询问张宇自豪的原因，这样张宇就从税务局大堂过渡到个人所得税，最后非常自然地切入主题——国税服务器采购的项目。由于客户已经对张宇建立了一定的好感，所以使双方下面的谈话进行得很顺利。

由此可见，开场白的好与坏，在很大程度上决定了一次推销的成功与否。因此，每一个优秀的业务员在拜访客户之前都应该设计一个独特且吸引人的开场白，借此在短短的几秒钟之内吸引客户的注意力，让他放下手边的事。然后销售员再道出商品的各种优点以及使用它所能给客户带来的各种利益，以便迅速转入洽商阶段。

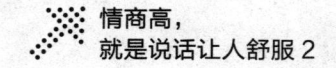

开场白不谈销售如何开场

让客户感受到你的尊重

销售员永远都要让客户感受到自己对他的重要，多给客户一些关心和理解，对客户表示尊重，以满足客户心理上的需求，才有可能得到客户的回报。

劳尔是铁管和暖气材料的销售商，多年来，他一直想和一位批发业务范围极广、信誉也特别好的铁管批发商做生意。

但是由于那位批发商是一位特别自负、无情、刻薄的人，所以，劳尔吃了不少苦头。每次劳尔出现在他办公室门前时，他就吼叫："不要浪费我的时间，我今天什么也不要，走开！"

面对这种情形，劳尔想，我必须改变策略。当时劳尔的公司正计划在另一个城市开一家新公司，而那位铁管批发商在那地方做了很多年生意，对那个地方特别熟悉。于是，劳尔稍加思考便又一次去拜访了那位批发商，他说："先生，我今天不是来销售东西，而是来请您帮忙的，不知您

第1章
化解"抵触情绪"的话

有没有时间和我谈一谈?"

"嗯……好吧,什么事?快点说。"

"我们公司想在××地开一家新公司,而您对那地方特别了解,因此,我来请您帮忙指点一下,您能赏脸指教一下吗?"

闻听此言,那批发商的态度缓和了许多,他拉过一把椅子给劳尔,请他坐下。在接下来的一个多小时里,他向劳尔详细地介绍了那个地方的特点。他不但赞成劳尔的公司在那里办新公司,而且还着重向他说了关于储备材料等事项的方案。他还告诉劳尔应如何开展业务。最后谈话内容扩展到私人方面,批发商变得特别友善,并把自己家中的困难和夫妻之间的不和也向劳尔诉说了一番。

最后,当劳尔告辞的时候,不但口袋里装了一大笔装备订单,两人之间还建立了友谊,后来两人还经常一块去打高尔夫球。

威廉·詹姆斯说过:"人类本质中最热切的需求,是渴望得到他人的尊重和肯定。"因为渴求别人的重视,是人类的一种本能和欲望。渴望被人重视,这是一种很普遍的、人人都有的心理需求。在推销活动中,客户真正需要的并不仅仅是商品本身,更重要的是一种心理上的满足感。

案例中,劳尔最初只是从自己的意愿出发单调地向客户介绍产品,而遇到的又是自负刻薄的批发商,所以被轰出门外也不足为奇。如果你一直在滔滔不绝地介绍自己的产品,而忽略了对客户起码的尊重和感谢,就无法满足客户的心理需求。

当劳尔改变了策略"不是来推销而是求助"时,强硬的批发商突然转变了态度,进而热心给予帮助,并且谈话很是友好,这让劳尔不仅拿到了订单而且还与批发商建立了友谊,收获颇丰。其原因就在于劳尔真诚地请教让客户感受到了足够的重视，从而满足了批发商对××地有着丰富经营经验的倾诉需求，于是很自然地从情感上对劳尔也表示了认同，最终促成了这笔交易。所以，可以这样说，客户真正需要的除了商品，还有一种心理满足。心理满足才是客户选择购买的真正原因。

客户选择购买的主要原因，从心理学的角度分析，是希望通过购买商品和服务而得到解决问题的方案及获得一种愉快的感觉，从而获得心理上的满足。当在生存性消费需要得到满足之后，客户更加希望能够通过自己的消费得到社会的承认和重视。敏锐的销售员应该意识到，客户的这种心理需求正好给销售员推销自己的商品带来了一个很好的突破口。真诚地尊重客户，给他们满足感，是打开对方心门的金钥匙。

题外话要让客户聊得开心

我们必须学会和客户适当地谈谈题外话，这样也更容易成功。所谓题外话就是说些围绕客户的家常话，如同一位关心他的老朋友一般，但不要涉及他的个人隐私。

一名成绩显著的销售代表这么讲述他的一次难忘的经历：

有一次我和一位富翁谈生意。上午11点开始，持续了6小时，我们才出来放松一下，到咖啡馆喝一杯咖啡。我的大脑真有点麻木了，那富翁却说："时间过得好快，好像只谈了5分钟。"

第二天继续，午餐以后开始，下午2点到6点。要不是富翁的司机来提

第1章
化解"抵触情绪"的话

醒,我们可能要谈到夜里。再后来的一次,谈我们的计划只花了半小时,之前听他的发迹史却花了9个小时。他讲自己如何赤手空拳打天下,从一无所有到创造一切,又怎样在50岁时失去一切,又怎样东山再起。他把想对人讲的事都跟我说了,80岁的老人,到最后竟动了感情。

显然,很多人只记得嘴巴而忘了耳朵。那次我只是用心去倾听,用心去感受,结果怎样?他给50岁的女儿投了保,还给生意保了10万美元。

有些销售人员总以为如果到客户家中拜访,就应该言简意赅、直奔主题。为什么要这么做呢?原因如下:第一,节约了彼此的时间,让客户感觉自己是个珍惜时间的人;第二,认为如此提高了效率。事实上,这些都是销售人员自己的一厢情愿。

如果你平时和客户就是这种谈话风格,那么赶快检讨一下自己。其实,这样的做法多半会让人反感,客户会以为你和他只是业务关系,没有人情味。并且,当他为了你的预约而守候半天时,你的直奔主题常常会令他觉得很不受用,仿佛你是日理万机抽空来看他一眼似的。

人们往往缺乏花半天时间去听销售人员滔滔不绝地介绍产品的耐心,相反,客户却愿意花时间同那些关心其需要、问题、想法和感受的人在一起。出色的销售代表有时甚至不用过多的言语,就可以成功签单,其中的秘诀就是倾听客户说话。

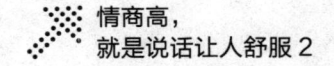

提升情商，就是提升你面见客户的能力

售前做好诱饵，才能让客户上"钩"

在拜访客户之前，先调查、了解客户的需求和问题，然后针对客户的需求和问题，提出建设性的意见。这个建设性的意见就如同钓鱼的诱饵。

电话销售："杨工，上次多亏您的建议，购销合同才能签下来。这周末如果您有时间，我想请您吃个饭，表示感谢，以后还得请您多帮忙呀。"

客户："你太客气了，举手之劳嘛。有时间我一定去。"

电话销售："对了，杨工，您上次跟我提起您计划要成立一个水质净化器制作与安装公司。这事我一直帮您留意着。这不，我从别处正好看到一本与自来水有关的技术杂志，发现有一篇具有经济价值的工程论文，论述在蓄水池上面安装保护膜的可行性。我觉得对您可能会有帮助，下回见面的时候我给您带过去。"

客户："是吗？那太好了，谢谢你。下回单位需要电脑什么的就都交给你了。"

> 电话销售:"杨工真不愧是爽快人呀!"

为什么有的推销员一直顺利成功,而有的推销员则始终无法避免失败?本案例就从一个角度揭示了成功与失败的原因所在。

推销员与其匆匆忙忙地拜访十位客户而一无所获,不如认认真真做好准备去打动一位客户,即推销员要做建设性的拜访。例如针对客户的经营现状提出能够使客户节省费用、增加利润的方法。只有撒下这样的诱饵,客户才会慢慢上"钩"。

一位推销高手曾说过这样的话:"准客户对自己的需要,总是比我们推销员所说的话还要重视。根据我个人的经验,除非我有一个有益于对方的构想,否则我不会去访问他。"

推销员向客户做建设性的拜访,必然会受到客户的欢迎,因为你帮助客户解决了问题,满足了客户的需要,这比你对客户说"我是来推销产品的"更能打动他。尤其是要连续拜访客户时,推销员带给客户一个有益的构想,是给对方留下良好印象的一个不可缺少的条件。

推销员一定要抱着自己能够对客户有所帮助的信念去访问客户。只要你把"如何才能对客户有所帮助"的想法铭刻在心,那么,你就不会放过任何一个能对客户有所帮助的机会。

面见大客户,你是"自信"还是"自卑"

在拜访客户时,很多销售员会有这样一种心态,觉得客户的身份地位显赫，而自己只是一个普通业务员，所以会很紧张，甚至自卑，会不自觉地把自己放在低人一等的位置。其实，销售员有这种心理本是想以谦卑的姿态赢得客户的好感与信任，但结果却适得其反，销售员不仅赔了面子还丢了单子。

俞恒是一个刚进入销售行业不久的新人，平时跟朋友、同事交往时都很自信，而且言谈风趣，不少年轻女孩都很喜欢他。但是当他面对客户，向别人介绍产品时，却好像完全变了一个人。他总觉得自己比客户矮了半截，平日的潇洒自信顿时烟消云散，代之以满脸的怯懦和紧张。

这种情况在他接近那些老总级别的人时，尤为明显。有一次，俞恒获得了一个非常难得的销售机会，不过需要跟那家合资公司的老板面谈。俞恒走进那装饰豪华的办公室，就紧张得不得了，浑身打战，甚至连说话的声音都发起抖来。他好不容易控制自己不再发抖，但仍然紧张得说不出一句囫囵话。老总看着他，感到很惊讶。终于，他佝偻着背，磕磕巴巴地说道："王总……啊……我早想来见您了……啊……我来介绍一下……啊……产品……"他那副点头哈腰低三下四的样子让王总觉得莫名其妙，甚至怀疑他有什么不良企图。

会谈于是不欢而散，大好机缘就这样被生生浪费了。

一般来说大人物社会地位高，有一定的社会威望，使得许多推销员在拜访时经常畏首畏尾。然而销售最大的忌讳就是在客户面前低三下四，过分谦卑。像案例中的俞恒这样，还未到正式谈判就已经败下阵来。心理素质如此脆弱的人，不失败才怪。

卑躬屈膝的推销，不但会直接影响你的形象，而且会使你所推销的产品贬值。畏畏缩缩、唯唯诺诺的销售员，不可能得到客户的好感，反而会让客户非常失望。因为你的表现证明你不是一个大方沉稳的人，而是个不可信赖的人，那么他对你所推销的产品就更不敢相信了。

优秀的推销员要有敢于向大人物推销的勇气。如果你总是逃避，不敢去做你害怕的事情，不敢去害怕去的地方，不敢见大人物，那么机会一定不会因为你害怕而光顾你。

其实许多你害怕去的地方往往蕴藏着成功的机遇，在大地方向大人物推销往往比向小客户推销容易得多。因为推销员都畏惧这些地方，也很少光顾这里。如果你敢于迈出这一步，向大人物推销自己的商品，那么你就很有可能成功。

另外，在大人物这里，由于前来推销的业务员很少，因此，他们往往不像小客户那样见到推销员就说"不"。一个真正成功的大人物或者一个从基层干到上层的人，是不会对你的推销感到厌恶的，很多情况下他们会怀着一颗同理心来接纳你，并给你一次机会。

面对客户要不卑不亢，无论对方多么"高大"，都要牢记：他只是你的客户，你们之间是平等的关系。对自己的工作，销售员应有以下几点认识：

1.正确认识销售工作，销售不是卑贱的行业，任何人都离不开销售；

2.告诉自己，"大人物也是有感情的，只要自己努力了，就一定会有好的结果。"

3.肯定自身的价值，不要自卑。自轻自贱是许多推销员不敢面对大人物的根本原因；

4.在销售过程中，要尽量与客户站、坐平等。科学研究证明，交流双方位置的不同，对人的心理是有很大影响的。

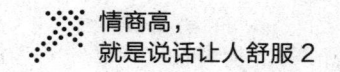

想过接待员这关，高情商是最有效的法宝

与在商店或卖场做零售的销售员不同，那些需要上门做业务的销售员，第一关要过的是门卫、秘书等接待人员，他们往往是销售员接触负责人的最大障碍。因此，销售员首先应取得这些人的认可，然后才有可能达到签单的目的。

张成是销售水泥用球磨机的业务员。通过走访，张成了解到，不久之前，有一家大型水泥企业刚刚开业，他们的悬窑生产线采用了世界上最先进的技术，其球磨机对铸球料的质量要求极高。如果能和这家大企业建立起购销关系，该地区其他小厂肯定会纷纷效仿。

做好准备后，张成就登门拜访去了。没想到刚到大门前，他就被门卫非常客气地挡在了外面。在出示了一系列证件后，门卫才帮他拨通总经理办公室的电话。结果可想而知，张成遭到了拒绝。

张成使尽了各种方法，门卫都不愿意让他进去，门卫说："我不会让你进去的！你要搞清楚，我好不容易才得到这份工作，请你不要给我添乱了！"

张成见正面请求没有见效，于是，就转换策略与门卫聊起了家常。门卫开始不愿意与他多说话，后来见他比较真诚，就应付了几句。

到了后来，两人竟然聊得很投机，张成就对门卫说："大哥，我这份工作来得也不容易啊！这次我跑了很远的路来到这里，如果连厂门都进不去的话，我的饭碗可能会保不住。我知道您也不容易，就不难为您了，我

第 1 章
化解"抵触情绪"的话

打算明天就回去，以后记得常联系啊！"

门卫动了真感情，悄悄告诉他说："总经理每天早上8点准时进厂，如果你有胆量，就堵住他的车。记住，他乘坐的是一辆白色宝马。我只能帮你这么多了。"

获此消息，张成喜出望外。第二天天刚蒙蒙亮，他就开始在厂外等候，终于见到了总经理。经过一番艰苦的谈判，厂方订了一大批货。

在故事中，销售员张成为了拿下一个大客户而登门拜访，但始终过不了门卫这一关。他及时转变了策略，与门卫聊起了家常。两人越聊越投机，最后张成说："大哥，我这份工作来得也不容易啊！"这句话直接作用于门卫的感性思维，尤其是"大哥"这个非正式的称呼更是拉近了两个人的距离，赢得了对方的好感。最终，门卫向他透露了总经理的信息，张成才得以见到了总经理，并成功签单。

我们在进行销售遇到阻碍的时候，可以利用这种动之以情、晓之以理的方式来打动接待人员，获得与决策者接触的机会，进而促进销售的成功。

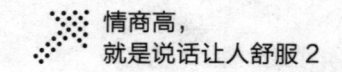

成功的要件是先把自己推出去

虽然产品质量一流、光芒四射，但是在接近准客户时，一些销售员还没来得及介绍产品，就被拒之门外了。什么原因？一流的销售员都知道，在推销商品前，首先推销的是你自己，一旦取得客户信任后，订单将不请自来。

业务代表A："你好，我是××公司的业务代表周锦。在百忙中打扰您，想要向您请教有关贵店目前使用的收银机的事情。"

客户："你认为我店里的收银机有什么毛病吗？"

业务代表A："并不是有什么毛病，我是考虑您的收银机是否已经到了需要更换新机的时候了。"

客户："对不起，我们暂时不想考虑换新的。"

业务代表A："不会吧！对面张老板已更换了新的收银机。"

客户："我们目前没有这方面的预算，以后再说吧。"

业务代表B："刘老板吗？我是××公司业务代表李黎明，经常路过贵店。看到贵店一直生意都是那么好，实在不简单。"

客户："您过奖了，生意还行吧！"

第1章
化解"抵触情绪"的话

业务代表B："贵店对客户非常亲切，刘老板对贵店员工的教育培训一定非常用心，对街的张老板对您的经营管理方法也是相当钦佩。"

客户："张老板是这样说的吗？张老板经营的店也是非常好，事实上，我一直将他当作学习的对象。"

业务代表B："不瞒您说，张老板昨天换了一台新功能的收银机，非常高兴，才提及刘老板的事情，因此，今天我才来打扰您！"

客户："喔？他换了一台新的收银机？"

业务代表B："是的。刘老板是否也考虑更换新的收银机呢？目前您的收银机虽然也不错，但是新的收银机有更多的功能，速度也较快，让您的客户不用排队等太久，因而会更喜欢光临您的店。所以，还请刘老板考虑考虑是否也买一台新的收银机。"

销售界有句流传已久的名言："客户不是购买商品，而是购买推销商品的人。"任何人与陌生人打交道时，内心深处总是会有一些警戒心理，所以当准客户第一次接触业务员时，有"防备"心理也很正常。只有在推销人员能迅速地解除准客户的"心防"后，客户才可能用心与你交谈。

我们对比案例中业务代表A和B，很容易发现，两个人掌握同样的信息，即"张老板已经更换了新的收银机"，但是结果截然不同，玄机就在于接近客户的方法。

业务代表A在初次接近客户时，直接询问对方收银机的事情，让人感觉突兀，遭到客户反问："店里的收银机有什么毛病吗？"然后该业务代表又不知轻重地抬出对面的张老板已购机这一事实来企图说服刘老板，就更激发了刘老板的逆反心理。

反观业务代表B，却能把握这两个原则，以共同对话的方式接近客户，在解除客户的"心防"后，才自然地进入推销商品的主题。业务代表B在接近客户前能先做好准备工作，能立刻称呼刘老板，知道刘老板店内的经营状况、清楚对面张老板是他的学习目标等，这些细节令刘老板感觉很愉悦，业务代表和他的对话就能很轻松地继续下去，这都是促使业务代表B成功的要件。

客户是否喜欢你关系着销售的成败。TOYOTA的神谷卓一曾说："接近准客户时，不需要一味地向客户低头行礼，也不应该迫不及待地向客户介绍商品……与其直接说明商品，不如谈些有关客户所从事行业的话题，或谈些社会新闻之类的事情，让客户喜欢你才真正关系着销售的成败。因此接近客户的重点是让客户对一位以推销为职业的业务员产生好感，从心理上先接受他。"所以说，与其直接说明商品，不如谈些客户关心的话题，让客户对你产生好感，从心理上先接受你。

电话推销，如何快速找到决策人

电话销售开场白三要素

电话销售的开场白一般要包括三个方面的内容：我是谁或我代表哪家公司、我跟客户联系的目的是什么、我公司的服务对客户有什么好处。

小刘："您好，是孙经理吗？"

孙经理："我就是。"

小刘："太好了，真高兴能与您本人通话。"

孙经理："你是哪一位？"

小刘："我是××公司的销售主管小刘。我们公司是专业提供管理培训资源的培训企业。"

孙经理（不太友好）："你找我有什么事吗？"

小刘："总经办的人对我说，您是负责员工培训的领导，那么您一定关心培训的事。我打电话给您，就是想谈谈如何更好地进行培训。可以占用您一点儿宝贵的时间吗？"

孙经理（态度变得友好一些）："上期的培训刚刚结束，目前生产比较紧，一时还抽不出时间进行培训，所以短期内不会再组织培训了。"

小刘："贵公司如此重视培训，这太好了。看来贵公司在这方面做了不少工作，我这里还有一种新的培训形式。"

孙经理："哦？"

小刘："这种新的培训形式既不影响工作，又能让员工通过培训提高工作能力，而且成本非常低，它一定会对您的工作大有帮助。"

孙经理（表现得有兴趣）："那好，你给我介绍一下吧！"

开场白要达到的目的就是吸引对方的注意，引起他的兴趣，以使他乐于与销售人员在电话中继续交流。所以，在开场白中陈述价值就显得很重要。小刘的开场白，不但把开场白所应该包括的要素清楚明白地传达给客户，并且还用利益激发客户的好奇心，使谈话继续深入下去，可以说这是一次成功的开场白。

如何过秘书或前台这一关

有些时候，一些接线人会故意阻拦不给转电话，他们会高傲地问："有何贵干？"销售员可以回答："这是我们的私事。"绝大多数时候，这样回答也就够了，接线人不敢随便插手老板的私事，电话马上就会被转到你要找的人那里。

第1章
化解"抵触情绪"的话

销售员："您好,麻烦您帮我转一下李经理。"

秘书："现在忙音,待会儿再打。"

销售员："您都没有给我转,怎么就说是忙音呢?"

秘书："喂,你这个人真的很啰唆,让你等会儿再打你没听见吗?我是说我现在很忙!"

销售员："请问您贵姓?"

秘书："这不关你的事。"

销售员："您接听电话都是这种态度吗?您知不知道,您的这种态度会让贵公司损失很多客户。好吧,既然您不愿转电话,我也不勉强,不过,等会儿你们老总打电话过来时,我将把您的情况如实反映一下。"

秘书："对不起,我实在太忙了,我现在就给你转。"

在电话销售中,销售人员有时会遇到很不礼貌的秘书或前台人员。遇到这些情形,销售人员就没有必要跟他们浪费时间,应该如案例中的销售人员那样直接摆高自己的姿态还击对方,从而突破秘书或前台人员的阻拦。

当然,销售员需要注意的是,摆高姿态要视具体情况而定,切勿照搬照抄。

在遇到障碍时,我们可以通过以下几种小技巧巧妙找到决策人:

一、制造压力法

"××小姐,麻烦您转××总。"

"不行,××总正在忙,有什么事情我可以转告吗?"

"没关系,我会继续在线等候。"

"那怎么行,你占了线路,别人怎么打进来?"秘书小姐抗议。

"要不行,我每隔5分钟打一次,我想××总肯定有不忙的时候。"

秘书小姐想着这5分钟一响的电话就可怕，心想早晚得转，不如现在转好了，她就会帮你转进去。

二、亲戚法

你可以跟秘书小姐说："我是××总的亲戚。"秘书小姐再刁难也不敢刁难××总的亲戚。但这样做先要充分了解××总的家庭背景如何，最好是你能称呼××总的小名。

"××小姐，麻烦你转一下××，也就是你们的老总。我是××总家乡的亲戚，我是长途，麻烦快一点，谢谢！"

三、虚构主题法

当你拨通电话后，如果是秘书接的电话，你可以这样说："麻烦找一下苏总，我想问一下上次我们商谈的事情，他准备得怎么样了。"听到这话，秘书一般都会毫不犹豫地帮你把电话转过去。因为在他们的潜意识里，你可能与他们的老总通过话了，因此就没有必要再对你进行过滤了。另外，既然你已经与他们的老总商谈过了，他帮你接通老总的电话也是他工作分内的事，如果把事情耽误了，他可负不起这个责任，所以秘书会以最快的速度帮你接通老总的电话。

四、正面诱导法

在绕过秘书关的过程中，尽量使用肯定性选择问话方式。比如，"请帮我转接一下××经理好吗？"而不要这样问，"××经理在不在？帮我转接一下好不好？"又如，"王总的手机号码是多少？我直接和他商谈一下。"而不要这样问，"您知不知道王总的手机号码？可不可以告诉我一下？"类似的否定性选择问话方式，很容易让人回答"不知道"。

第 1 章
化解"抵触情绪"的话

必要的时候，施加压力

当中性温和的电话没有多大效果时，不妨试试这种方法：适当地沉默，给接线员压力，从而使他尽快转接电话。

（一）

销售人员："A公司吗？"

接线人："对，您是哪里？"

销售人员：（沉默）"……"

销售人员："您好，我姓孙，B公司的，前天我和经理约过时间，请您让供应部的经理接电话。"

（二）

销售人员："A公司吗？"

接线人："对，您是哪里？"

销售人员："您好，我姓孙，B公司的，前天和经理约过时间，请您让供应部的经理接电话。"

显然，前一种显得更加有来头，会给秘书一种不容怀疑、不好招惹的印象。

有趣的是，有的公司曾经让不知底细的公司职员接过这样的电话，然后问这位接线人："在对方沉默的时候，你以为他在做什么？"他的回答令人惊奇："我听到一些纸响，以为他正在整理业务材料。"

"是什么材料呢？"

"在他说完要找经理接电话后，我感觉那是一些需要和经理交谈的材料。"

"和经理交谈的材料？"

"是的，我想那是一些经理需要的，或是一些他准备报告给经理或是要和经理商讨的材料。"

如何绕过秘书这一障碍？这是很多销售员经常遇到的问题。有时候，适当的沉默会给秘书一种不容置疑的印象。

有些资深销售员认为，不一定对所有的秘书都要谦和有加。一方面，长时间保持一种中性和诚恳的语调打电话，这本身就影响销售人员的状态；另一方面，温和的口气有时会助长秘书自以为是的心理，反倒增添了障碍。还有一种情况，销售人员把电话打过去后感觉到秘书心不在焉、爱答不理，这个时候给对方适当的压力是必要的。

掳获客户芳心的开场白方式

问题开场

西方有位哲学家曾这样说："世间有一种成就可以使人很快完成伟业，并获得世人的认识，那就是讲话令人喜悦的能力。"

虽然销售人员并不一定非要成为一个口才家，但是在与客户沟通互动的过程中，语言是最为直接的沟通手段，也最能影响到消费者的心理变化。语言表达是一门艺术，懂得语言表达艺术的人不会勉强别人与自己有相同的观点，而是利用语言表达来逐步影响听者的心理，巧妙地把他人引导到自己的思想上来。

那些善于运用语言艺术的人表达准确、贴切，能生动地表达自己的思想感情，做起销售工作来往往比较容易取得圆满的成果。反之，不懂得语言艺术的人，常常会撩拨起客户的无名之火，最后令自己陷入困境。

销售就是用你的口才说服别人购买你的商品，在销售中引起客户的兴趣并不是一件容易的事情。所以开场的几句话是极其重要的，它将关系到你推销的成败。

一个人寿保险代理商在调动客户兴趣方面有着非常高超的技巧,他每次一接近潜在的客户便会问对方:"五千克松木,您打算出多少钱?"

"我根本不需要什么松木!"客户回答。

"如果您坐在一艘正在下沉的小船上,您愿意花多少钱呢?"

这两句令人好奇的开场白,总是能够引发客户对保险的重视和购买的欲望。这个人寿保险代理商实际上在给客户传达这样一个思想:人们必须在实际需要出现之前就投保。

假如你总是可以把客户的利益与自己的利益相结合,提问题将特别有用。顾客是向你购买想法、观念、物品或服务的人,所以你的问题应带领潜在客户,帮助他选择最佳利益。

美国某图书公司的一位女推销员总是从容不迫、平心静气地以提出问题的方式来接近顾客。"如果我推荐给您一套有关个人效率的书籍,您打开书发现内容十分有趣,您会读一读吗?""如果您读了之后非常喜欢这套书,您会买下吗?""如果您没有发现其中的乐趣,您把书重新塞进这个包里给我寄回,行吗?"这位女推销员的开场白简单明了,使客户几乎找不到说"不"的理由。后来,这三个问题被该公司的全体推销员所采用,成了标准的接近顾客的方式。

开场白的设计要吸引客户的注意力,在此之后紧接着要用最简洁的话将你要说的核心内容表达出来。如果客户问你:"为什么我应该放下手边的事情,百分之百地专心听你来介绍你的产品呢?"这时候你的答案应该在30秒之内说完,而且让客户满意并吸引他的注意力。

好的销售人员在与客户沟通之前,首先会问问自己,为什么客户将注意力放在你的身上,为什么他要听你说话,你能引发客户兴趣的时间事实上只有开场的30秒，如果不能在这个时间内取得成效，那么也就失去了继续表达的机会。

好的开场白应该会引发客户的第二个问题，当你花了30秒的时间说完开场白以后，最佳的效果是让客户问你：你的东西是什么？每当客户问及你的产品，就表示客户已经对它产生了兴趣。如果你花了30秒的时间说完开场白，并没有让客户对你的产品或服务产生任何好奇或兴趣，而他们仍然告诉你他很忙没有时间，那么就表示你这30秒的开场白是无效的，你就得赶快设计另一种方式来代替了。

如果你卖的是电脑，你就不应该问客户有没有兴趣买一台电脑，或者问他们是不是需要一台电脑，你应该问："您想知道如何用最好的方法让你们公司每个月节省5000元的营销费用吗？"这一类型的问题相对来说比较容易吸引客户的注意力。

"您知道一年只花几块钱就可以防止火灾、水灾和失窃吗？"保险公司推销员开口便问顾客，对方一时无言以对，但又表现出很想得知详细介绍的样子。推销员赶紧补上一句："您有兴趣了解我们公司的保险吗？我这儿有20多个险种可以选择。"

对于销售员来说，开场白很重要。开场白不好，等于白开场。好的开场白能够吸引住你的客户，为你争取到更多的成功机会。只要做到别人对你的话题感兴趣，做到别人爱听，你的推销便成功了一半，而且还会为你以后的推销打下坚实的基础。

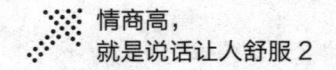

争取展示机会

要引起客户的谈话兴趣，销售人员可以用言语，还可以用一些技巧或花招。

20世纪60年代，美国有一位非常成功的销售员乔·格兰德尔，他有个有趣的绰号叫"花招先生"。他拜访客户时，会把一个三分钟的蛋形计时器放在桌上，然后说："请您给我三分钟，三分钟一过，当最后一粒沙穿过玻璃瓶之后，如果您不要我再继续讲下去，我就离开。"他会利用蛋形计时器、闹钟及各式各样的花招，使他有机会让客户静静地听他讲话，并对他销售的产品产生兴趣。

为了使销售成功，销售人员必须灵活运用不同的沟通方法，加上坚持和忍耐，来最大限度地引起客户的兴趣，获得客户的青睐。"请给我5分钟"则是美国杰出的销售人员雷蒙·施莱辛斯基在应对客户排斥心理时所采用的一种方法。

他说："通常我在做销售拜访的时候，我总是要求客户或潜在的客户给我5分钟的时间，而事实上我可能需要的只是2分钟。

"当然，有时你无法在5分钟内把事情说清楚，但是只有你要求别人给你5分钟时间，他们才更有可能给你一个正式的机会。一旦你走进了大门，并对他们描述了一件完美的事物，即便这可能会持续半个甚至一个小时，人们一般都会让你继续下去。从另一方面来看，如果人们对你所说的丝毫没有兴趣，那么1分钟都已经是多余的了。

"我早期习惯通过要求5分钟的机会进行15或者20分钟的生动游说。通常情况下,我会用5分钟的时间进行简单的介绍,然后站起来假装准备离去,这时候客户一般都会不自觉地放松警惕,我就抓住这个时机说:'还有一点需要解释。'

"于是又可以游说2~3分钟,这时我会说:'我确实得走了,但是在走之前我希望确信您已经完全明白了我所说的东西。'

"我拿起皮包走向房门,就在关门之前我又会停顿一下,然后说:'我希望您最后考虑一下。'这5分钟的商业拜访取得成功的原因并不仅仅在于这5分钟里让客户了解了什么,而是你在与他见面之前所做的辛苦准备,为此你可能需要花费几个星期甚至几个月的时间。

"因为当5分钟的约会结束的时候,我甚至将比他的家人更了解我所面对的客户,包括他的兴趣、观点和需要等等。"

实际上,"请给我5分钟"只是一个展示自己的机会,施莱辛斯基要做的是,无论有多少时间,他都要遵循三个原则来进行自己的销售讲话,以激发客户对产品的兴趣。第一,在最初说话的几秒钟内,用生活或工作中客户最关心的事情把客户的注意力吸引过来。第二,每个人都有情感的弱点,比如一些令客户非常感动并认同的事情,而这些事可能与他们的生活和工作毫无关联,它可能只是一个梦想、一个希望或者一个承诺。销售人员要发现客户的情感弱点,然后迫使他们说"是"。第三,尽量避免和客户发生分歧。

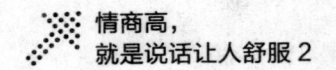

关系介绍

通过"第三人"这个"桥梁"过渡，更容易展开话题。因为有"朋友介绍"这种关系，就会在无形中消除客户的不安全感，解除他的警惕，容易与客户建立信任关系。

赵明："李先生，您好，我是保险公司的顾问。昨天看到有关您的新闻，所以，找到台里的客户，得到您的电话。我觉得凭借我的专业特长，应该可以帮上您。"

李先生："你是谁？你怎么知道我的电话号码？"

赵明："××保险，您听说过吗？昨天新闻里说您遇到一起交通意外，幸好没事了。不过，如果您现在有一些身体不适的话，看我是不是可以帮您一个忙。"

李先生："到底谁给你的电话呢？你又怎么可以帮我呢？"

赵明："是我的客户，也是您的同事，和您一起主持过节目。她说您好像有一点儿不舒服。我们公司对像您从事的这样的特殊职业有一个比较好的综合服务，我倒是可以为您安排一个半年免费的服务。如果这次意外之前就有这个服务的话，您现在应该可以得到一些补偿。您看您什么时候方便，我把相关服务说明资料给您送过来。"

李先生："哦，是××给你的电话啊。不过，现在的确时间不多，这个星期都要录节目。"

赵明："没有关系，下周一我还要到台里，还有您的两位同事也要我送过去详细的说明资料。如果您在，就正好一起；如果您忙，我们再找时间也行。"

李先生："你下周过来找谁？"

赵明："一个是你们这个节目的制片，一个是另一个栏目的主持人。"

李先生："周一我们会一起做节目，那时我也在。你把刚才说的那个什么服务的说明一起带过来吧。"

赵明："那好，我现在就先为您申请一下，再占用您5分钟，有8个问题我现在必须替您填表。我问您答，好吗？"

随后，就是详细的资料填写。等到周一面谈时，赵明成功地与李先生签了一年的保险合约。

在故事中，我们看到赵明在接通潜在客户李先生的电话、自报家门后，李先生的防范心理是显而易见的，这时候，如果销售员不能及时消除客户的这种心理，客户就很有可能会马上结束对话。案例中，我们可以看出，赵明是做了充分的调查和准备的，并事先制订了详细的谈话步骤。

在接到潜在客户警惕性的信号后，赵明先以对方遇到一起交通意外、可以为其提供帮助为由，初步缓和了客户的警惕心理；然后，又借助李先生同事的关系彻底化解了对方的防范心理，取得了潜在客户的信任，成功地得到了李先生的资料以及一年的保险和约。

可见，销售员在准备与潜在客户接触前，一定要有所准备，并善于利用第三人——潜在客户周围的人的影响力，这是获得潜在客户信任的一个有效方法。

最有说服力的自我介绍莫过于客户周围某位值得人们信赖的人所讲的话。你可以先向这样的人物推销你的商品，只要你够机灵，从他的口中得

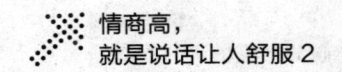

到几句称赞应该不会太难，而这几句称赞将是你在他的影响力所及的范围内进行推销的通行证。如果某个"大人物"曾盛赞或者使用了你的产品，那么这将使你的推销变得比原来容易得多。

第一句话很重要，结尾也要好好说

适时恰当地收场，向客户友好道别。本次交易的收场是否恰当，也许决定着是否会有下一次成交的机会。

夏宁是一家房产公司的优秀推销员，由于其工作经验丰富，经理总是让他对公司新人进行培训指导。而他每一次在给新员工培训时都会讲述自己初入行业的一件事：

那时我进入公司不久，由于工作主动热情，很快就拥有了自己的客户，可是业绩并不理想。眼看着月底就到了，而自己还没有做成一笔交易，我很是着急。也就在这个时候，我一直在联系的一个客户决定转换房产，于是我耐心地带他看了几处后，终于他确定了自己认为合适的房子。

接下来就顺利地签订了买卖协议，可是当双方放下笔后，我却不知道此时应该怎么办？呆呆地坐着，不敢先离开也不知道应该说什么？就这样，过了一会儿，还是那位客户对我说："小伙子，你现在可以离开了。"我才站起身与客户握手道别。

推销员可能都会遇到夏宁这种情况，尴尬局面的形成是因为他当初不懂如何与客户道别。怎么做才是合适且友好的方式？再加上当时签订了那么大一笔交易后激动的心情，可能就不知道如何是好了。每个推销员都应该明白收场后要和客户友好道别。这也是很重要的一个环节。

　　推销员应当认识到，完美的道别能为下一次接近奠定基础、创造条件。买卖双方的分手，只是做好善后工作的开始。销售结束时，销售人员要有恰当的收场。既不能感激涕零令客户倒尽胃口，让客户生厌，也不能让客户觉得你太冷淡。在与客户道别时，要求推销人员面对客户，在态度上有诚恳的表示，在言辞上有得体的话语，在行为上有礼貌的举止。

　　因此，成交以后推销人员匆忙离开现场或表露出得意的神情，甚至一反常态，变得冷漠、高傲，都是不可取的。达成交易后，推销人员应用恰当的方式对客户表示感谢，祝贺客户做了一笔好生意，让客户产生一种满足感，对此点到即可。随即就应把话题转向其他，如具体地指导客户如何正确地维护、保养和使用所购的商品，重复交货条件的细节等。

　　成交确认后，推销员说话技巧不仅要表现出友好的一面，而且还应当特别注意离开现场的时机。推销人员是否应立刻离开现场需酌情而定，关键在于客户想不想让你留下。有人说，成交后迅速离开，可以避免客户变卦，其实不然，如果推销工作做得扎实，客户确信购买的商品对自己有价值，不想失去这份利益，一般是不会在最后一分钟改变主意的。但若未让客户信服，即使推销人员离开现场，他也会取消订单。

　　因此，匆忙离开现场往往使客户产生怀疑，尤其是那些犹豫不决，勉强做出购买决定的客户，甚至会懊悔已做出的购买决定，或者变卦，或者履行合同时设置障碍，使交易变得困难重重。但是签约后，不宜长久逗留，只要双方皆大欢喜，心满意足，这种热情、完满、融洽的气氛是离开现场的最好时机。

第 2 章

展示"专业水准"的话

——带着情商介绍产品,让客户喜欢听、放心买

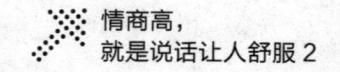

熟知产品，成为客户心中期待的"行家"

优秀的销售员在开展业务前都会做足"功课"，完全了解自己的产品，达到"百问不倒"的境界。

有一位女销售员，她费尽心思，好不容易电话预约到一位对她销售的产品感兴趣的大客户，却在与客户面对面交谈时遭遇难堪。

客户说："我对你们的产品很感兴趣，能详细介绍一下吗？"

"我们的产品是一种高科技产品，非常适合你们这样的生产型企业使用。"女销售员简单地回答，看着客户。

"何以见得？"客户催促她说下去。

"因为我们公司的产品就是专门针对大型生产企业设计的。"女销售员的话犹如没说。

"我的时间很宝贵的，请你直奔主题，告诉我你们产品的详细规格、性能、各种参数、有什么区别于同类产品的优点，好吗？"客户显得很不耐烦。

"这……我……那个……我们这个产品吧……"女销售员变得语无伦次，很明显，她并没有准备好这次面谈，对自己所销售的产品也非常生疏。

第2章
展示"专业水准"的话

"对不起,我想你还是把自己的产品了解清楚了再来向我销售吧。再见。"客户拂袖而去,一单生意就这样化为泡影。

百问不倒是销售的基本功,依靠的是严谨甚至是机械的强化训练,是通过对客户可能问到的各种问题的周到准备,从而让客户心悦诚服的一种实战技巧。这位销售员没有对产品倾注自己的热情,于是造成一问三不知的状况,自然无法在客户心中建立信任。

一个对自己准备销售的产品都不了解的人,怎么期望他能够说服客户购买呢?一位营销专家说过:"没有什么比从一个毫无产品知识的营销员那里买东西更能令人失望的了。"

许多人都抱怨过这样一件小事:比如你去超市购物,想买的商品不知道具体放在什么地方。于是,我们都会选择询问身边的导购人员,但满心的期望最后多半以失望结束。导购人员只知耕耘自己面前的一亩三分地,对整个超市商品信息的不熟悉导致客户产生负面情绪。无论是商场超市的导购人员,还是公司的销售代表、谈判专家,熟知自己公司产品的信息是一项必备的基本素质。熟悉产品信息不仅是对营销、销售人员能力的基本要求,也是满足客户需求的体现。

虽然不断增加的产品功能和不断细分的市场有助于满足客户全方位、深层次的需求,但是面对越来越多的同类商品,客户在需求被满足之前恐怕首先面对的是迷惑和困扰,也就是来自对产品各种情况的不了解。

任何一位客户在购买某一产品之前都希望自己能够掌握尽可能多的相关信息,因为掌握的信息越充分、越真实,就越可能购买到更适合自己的产品,而且他们在购买过程中也就更有信心,尤其是一些高档的产品,比如电脑、家电等。可是,很多时候,客户都不可能了解太多的产品信息,这就为客户的购买带来了许多不便和担忧。对产品的了解程度越低，客户购买产品的决心也就越小，即使他们在一时的感情冲动之下购买了该产品，也可能会在购买之后后悔。

一句话，成功的沟通不能忽略这一重要细节，平时就应该多用心学习产品的各种功能，做到熟悉产品信息就像熟悉自己的身体一样。

第2章 展示"专业水准"的话

解答客户疑虑,产品推荐的好时机

通常情况下,客户用左脑考虑可以得到多少价值,用右脑考虑价格,而听到价格时右脑通常的反应就是太贵。这时候就需要销售员能够读懂客户的左右脑,并且灵活运用自己的销售技能,以实现销售的目的。

客户:"那两张床垫价钱怎么算?"

A销售员:"那张较大的是600元,另外一张是1200元。"

客户:"这一张为什么比较贵?这一张小的应该更便宜才对!"

A销售员:"这一张进货的成本就快要1000多了。"

客户本来对较大的那张600元的床垫感兴趣,但想到另外一张居然要卖1200元,那较大的那张床垫一定粗制滥造,因此,就不买了。

客户又走到隔壁的家具店,看到了两张同样的床垫,打听了价格,同样是600元和1200元,客户就好奇地请教B销售员。

客户:"为什么这张床垫要卖1200元?"

B销售员:"先生,请您先到两张床垫上都躺一下,比较一下。"

客户依着他的话,两张床垫都躺了一下,一张较软,一张稍微硬一些,躺起来都挺舒服的。

B销售员看客户试完床垫后,接着告诉客户:"600元的这张床垫躺起来比较软，您会觉得很舒服，而1200元的床垫，您躺起来觉得不是那么软，这是因为床垫内的弹簧数不一样。1200元的床垫由于弹簧数较多，绝对不会因变形而影响到您的睡姿。不良的睡姿会让人的脊椎骨侧弯，很多人腰痛就是因为长期的不良睡姿引起的，光是弹簧的成本就要多出将近400元。而且，您看这张床垫的支架是纯钢的，它比非纯钢的床垫寿命要长一倍，它不会因为过重的体重或长期的翻转而磨损、松脱，要是这一部分坏了的话，床垫就报销了。因此，这张床垫的平均使用年限要比那张多一倍。

"另外，这张床垫，虽然外观看起来不如那张豪华，但它完全是依照人体科学设计的，睡起来虽然不是很软，但能让您的脊椎得到最好的休息。而且孕妇睡的话，不会使肚子里的胎儿受到挤压。这张床垫不是那么显眼，却是一张精心设计的好床垫。老实说，那张600元的床垫中看不中用，使用价值没有这张1200元的高。"

客户听了B销售员的说明后，心里想：为了保护我的脊椎和家人的健康，就是贵600元也无妨。

在这个故事中，A销售员面对客户的价格疑问，只是采取了最传统的解释方法，没有说明床垫的真正价值所在，当然不能令客户满意，而且使客户在头脑中形成了便宜床垫品质不好的猜想，销售必然是以失败而告终。

B销售员则抓住了客户的"价值心理"。他首先让客户躺到床垫上亲自体验一下两张床垫的不同，从而在客户的右脑中建立对两张床垫的初步认识。在此基础上，他又深入分析了两张床垫的不同之处以及1200元床垫的种种好处，从而把客户的思维从右脑（考虑价格）转移到左脑（考虑价值），取得客户的认同，最后成功销售。

话不多说，只推销顾客需要的价值

你卖的不是特点，是利益

最成功的销售人员会选择要展示的卖点，提供给客户他们想买的东西。卖点的确立要从客户的需求出发，进而研究自己的产品，并从中挖掘和抓住产品能满足客户需求的卖点，只有这样，才能使销售者和企业在如此竞争激烈、变化莫测的市场中立于不败之地。

美国康涅狄格州的一家仅招收男生的私立学校校长知道，为了招收好学生前来就读，他必须和其他一些男女合校的学校竞争。在和潜在的学生及学生家长碰面时，校长会问："你们还考虑其他哪些学校？"通常被说出来的是一些声名卓著的男女合校学校。校长便会露出一副深思的表情，然后他会说："当然，我知道这个学校，但你想知道我们的不同点在哪里吗？"

接着，这位校长就会说："我们的学校只招收男生。我们的不同点就是，我们的男学生不会为了别的事情而在学业上分心。你难道不认为，在学业上更专心有助于进入更好的大学,并且在大学也能很成功吗?"

在招收单一性别的学校越来越少的情况下,这家专收男生的学校不但可以存活,并且生源很不错。

产品的独特卖点是赢得客户的关键,商家不仅要努力创造产品的独特卖点,而且还要善于发现产品的独特卖点,并将其与客户的利益联系起来。案例中的校长,就是抓住了学生家长最看重孩子学业的心理,从而亮出自己的独特卖点的。

卖点,"卖"指的是行销、推销、促销等销售行为的总称;而"点",即是我们常说的"点子",也就是"创意",这是时下非常流行、十分时髦的词。因此,"卖点"所蕴含的意义,即在从事商品行销、推销、促销时的"创意"。卖点,是引导、激发市场需求的关键元素,也是一个品牌传播的最重要的支撑点。

那么卖点应该如何来寻找呢?不去深入研究产品,那是没法找出卖点的,但同时不研究消费者也是不行的,这二者的关系是:有需求才有卖点,投其所好才能发现准确的卖点。没有卖点的商品与服务,根本不能吸引消费者。所以,销售者必须关心卖点,研究卖点,寻找卖点,培育卖点,创造卖点,不懂卖点的销售者是不能在市场中立足的。

找到卖点了还要能够用漂亮话表达出来。出色的口才是优秀销售员的必备技能,它不仅要求口齿伶俐、思维敏捷,还要求善于安排说话顺序,即语言要有逻辑性,把话说到点子上。对于推销员来说,良好的口才是说服顾客的利器,是把握主动权的保证。

做销售这一行业,对不同客户,在不同时间、不同地点,必须用不同的手段。否则,你永远无法满足你的客户,你就会被客户所抛弃。所以,针对不同客户的不同需求确立相应的卖点，并能简洁有力地表达出来，是销售员需要不断学习的必备技能。

5秒钟讲清产品卖点

产品介绍是吸引客户注意力的重要手段，当发现客户对某一产品的独特卖点感兴趣时，就要及时强调，把客户的思维始终控制在独特的卖点上，促使其做出购买的决定。

销售员："早上好，宋经理，我昨天和您通过电话，我是M乳品公司的客户经理陈玉田。"

（首先要让对方想起今天的致电是他认可的，所以没有理由推托。）

客户："你要谈什么产品？"

销售员："我公司上半年新推出的乳酸菌产品，一共5个单品，希望能与贵卖场合作。"

客户："我对这个品类没有兴趣，目前卖场已经有几个牌子在销售，我暂时不想再增加品牌了，不好意思。"

（显然已经准备结束谈话了。）

销售员："是的，卖场里确有几个品牌，但都是常温包装，而我们的产品是活性乳酸菌，采用保鲜包装，消费者在同等价格范围内肯定更愿意购买保鲜奶。其次，我们的产品已全面进入餐饮渠道，销售量每个月都在上升，尤其是您附近的那几家大型餐饮店，会有很多消费者到卖场里二次消费。我公司采用'高价格高促销'的市场推广策略,所以我们产品给您的毛利点一定高于其他乳产品。"

(用最简洁的说辞提高对方的谈判兴趣。在这段话中,销售员提到了产品卖点、已形成的固定消费群体、高额毛利,每一方面都点到为止,以免引起对方的反感从而结束谈判。)

客户(思考片刻):"还有哪些渠道在销售你们的产品?"

(对方已经产生了兴趣,但他需要一些数据来支持自己的想法。)

销售员:"现在已经有100多家超市在销售我们的产品了,其中还包括一些国际连锁店,它们的销售情况都良好,我可以给您出示历史数据。"

(通过对事实情况的述说增强对方的信心。)

客户:"好吧,你明天早上过来面谈,请带上一些样品。"

面对买方的拒绝,销售员应按照电话谈判的要点,在很短的时间内简洁地告知客户产品的独特卖点与竞争优势,勾起对方的谈判兴趣,最终赢得双方常规谈判的机会。

聪明的销售员总可以找到一个与众不同的卖点将产品推销出去,有两种情况:独特卖点与产品有关时,可以是产品的独特功效、质量、服务、价格、包装等;与产品无关时,这时销售的就是一种感觉和信任。总之,如果你想卖出产品,就应该先把产品的独特卖点找出来并展示给客户。

第2章
展示"专业水准"的话

不盲目推荐，是一项情商技能

察言观色，找准顾客需求

销售人员在为顾客介绍商品时，应根据顾客的需求特点，做有针对性的推荐，为顾客提供有价值的商品信息和建议。如此才能为下一步的签单打好基础。

小徐是超市的一名电器区的销售人员，他每个月都会在超市的员工评比中获胜，被评为"明星员工"。小徐每个月都会摘得"明星员工"的桂冠是凭借什么呢？先来看小徐的一次现场销售表现。

一天，一位60来岁、衣着朴素的顾客进超市买电动剃须刀，那位顾客看到小徐，便问："你好，小伙子，我想买个电动剃须刀。"小徐仔细打量了下这位顾客，热情介绍说："现在有两个品种，一种是日本进口的，款式新、色调好，但价格较贵；一种是国产的，虽说款式差些，但性能、质量都不错，而且价格便宜得多。"

这位顾客听了小徐的介绍，又让小徐拿出这两种款式的样品仔细观察

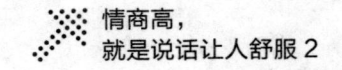

了下，毫不犹豫地买了国产的电动剃须刀。

超市老板在评价小徐的工作时，满意地说："小徐不像其他销售人员，他会毫不隐瞒地说明商品的优点和不足，从而赢得顾客的信任，但同时，在介绍中他又含蓄地带有两个倾向。这样，他含蓄的表达很容易就让顾客了解到商品的性能，从而做出购买决定。"

小徐工作出色最重要的原因还在于他会察言观色。比如，遇到老年人，他就会说老年顾客爱听的话，站在顾客的角度去思考，真正帮助顾客选择所需的商品。

一般情况下，逛家电卖场的顾客购买的目的性比较强。他们在进入卖场前一般都想好了要看什么或要选什么家电。所以有经验的销售人员会在长期的工作中形成一种观察力，只需要观察就能感觉出进门的顾客会买什么、购买力怎么样。

超市销售人员具体如何才能做到像小徐一样察言观色，最高效地介绍商品，按顾客所需服务顾客呢？

首先，要善于快速扫描顾客，迅速判断顾客的消费层次。

顾客走进卖场，工作人员要会从顾客的年龄、性别、外貌、神态、服饰等外形特征上去研究，从而判断顾客的消费层次。

其次，在不经意的交谈中捕捉偏好信息。从顾客的言谈、口音、声调等特征去判断顾客偏好，适合选用哪种类型的商品。

还有一点，就是注意观察顾客的行为。

商品介绍只是表面工作，成败取决于对顾客行为和心理的详细把握。向顾客介绍商品时并不是对每一位顾客都用相同的介绍方法，顾客有侧重，商品更要有侧重。把正确的商品介绍给正确的顾客，超市才会实现盈利。

第2章
展示"专业水准"的话

产品介绍是双向沟通的过程

许多销售员在介绍产品时常犯的一个错误是,只知道罗列产品的信息,不注意观察顾客的反应,导致销售员的热情推荐得不到回应。其实,产品介绍是一个双向沟通的过程,在进行初步的简单介绍后,接下来要仔细观察顾客的反应,这是一种试探性的观察,目的在于寻找进攻的突破口,并进行有针对性的推荐。这种强调双向沟通的产品介绍法即利益陈述法。

小谢所任职的家用打字机商行生意不错,从早上开门到现在已经卖出去好几台了,当然小谢的功劳是很大的。此时又有一位顾客来询问家用打字机的性能。他介绍道:"新投放市场的这类机型的家用打字机采用电动控制装置,操作时,按键非常轻巧,自动换行跳位,打字效率比从前提高了15%。"

他说到这里略加停顿,静观顾客反应。当小谢发现顾客目光和表情已开始注视家用打字机时,他觉得进攻的途径已经找到,可以按上述路子继续谈下去,而此时的论说重点在于把家用打字机的好处与顾客的切身利益挂钩。

于是,他紧接着说:"这种家用打字机不仅速度快,可以节约您的宝贵时间,而且售价比同类产品还略低一点!"

他再一次打住话题,专心注意对方的表情和反应。正在听讲的顾客显然受到这番介绍的触动,心里正在思量:"既然价格便宜又可以提高工作效率，那它准是个好东西。"

就在这时，小谢又发起了新一轮攻势，此番他逼得更紧更近了，他用聊天拉家常的口吻对顾客讲道："先生看上去可是个大忙人吧，有了这台家用打字机就像找到了一位好帮手，您再也不用担心时间不够了，这下您就有时间跟太太常伴在一起了。"小谢一席话说得对方眉开眼笑，开心不已。小谢一步步逼近顾客的切身利益，抓住对方关心的焦点问题，成功地敲开了顾客的心扉，一笔生意自然告成。

从这个案例中我们可以看出，确保产品可以为顾客带来他需要的利益是销售人员的一种销售技能，也是深入获得顾客信任的一个有效方法。案例中的家用打字机推销员小谢，就是利用利益陈述法实现成交的。

所有的产品都有其独有的特征，是其他竞争对手的产品无法比拟的，但是如何用利益陈述法让顾客印象深刻才是关键。在特征、优点以及利益陈述方法中，只有利益陈述法是需要双向沟通来建立的。

在双向沟通时，人们常说，话不投机半句多。如果销售人员也出现这种情况的话接下来的僵局就很难对付。所以在与顾客交流的时候，一定不要耍嘴皮子，要把话说到别人的心坎上。

激发客户占有商品的欲望

销售中的"剧场效应"

当众进行产品演示,边演示边解说,营造一种情景氛围,直接作用于潜在顾客的感性思维,让那些本来对该产品有反对意见的人和拒绝该产品的人在感性思维的影响下,做出购买的决策。

某家公司经销一种新产品——适用于机器设备、建筑物清洗的洁神牌清洗剂。销售人员赵中前去拜访一家商务中心大楼的管理负责人,对那位负责人说:"您是这座大楼的管理负责人,您一定会对既实惠又好用的清洗剂感兴趣吧。就贵单位而言,无论是从美观还是从卫生的角度来看,大楼的明亮整洁都是很重要的,您说对吧?"

那位负责人点了点头。赵中又微笑着说:"洁神就是一种很好的清洗剂,可以迅速地清洗地面。"同时拿出样品,"您看,现在向地板上喷洒一点清洗剂,然后用拖把一拖,就干干净净了。"

他向地板上的污迹处喷洒了一点清洗剂。清洗剂渗透到污垢中,需要几分钟时间。为了不使顾客觉得等待时间过长,他继续介绍产品的性能以转移顾客的注意力。"洁神清洗剂还可以清洗墙壁、办公桌椅、走廊等处的污迹。与同类产品相比,洁神清洗剂还可以根据污垢程度的不同,适当地加水稀释,它既经济方便,又不腐蚀、破坏地板、门窗等。您看,"他伸出手指蘸了一点清洗剂,"连人的皮肤也不会伤害"。

说完,销售人员指着刚才使用过清洗剂的地方说:"就这一会儿的工夫,您看清洗剂已经浸透到地面的污物中,污物已经浮起,用湿布一擦就很干净了。"随后拿出一块布将地板擦干,"您看,多干净!"

接着,他又掏出白手绢再擦一下清洗干净的地方:"看,白手绢一尘不染。"然后,再用白手绢在未清洗的地方一擦,说:"您看,没清洗的地方非常脏。"

心理学上有个概念叫"剧场效应"。人在剧场看电影或看戏时,感情与意识容易被带入剧情之中;另外,观众也互相感染,会使彼此感情趋于相对一致。因而,一些成功的销售员把"剧场效应"运用到销售活动中,同样取得了较好的效果。

这个故事中的清洗剂销售员,面对顾客对产品不熟悉的情况,没有单纯地采用"说"的销售方法,而是一边为顾客演示产品一边解说产品的各种性能,把产品的性能充分展示给潜在顾客,当顾客感知到这确实是一种好产品时,生意就得以成交了。

第2章 展示"专业水准"的话

让客户参与体验

很多客户听完销售员妙语连珠的介绍，还是会发出这样的疑问："你们的产品真的像说的那样好吗？"这时，推销员可以通过让客户体验一下产品，让客户亲眼看到产品的优点，从而对产品充满信心。实证总比巧言更具有说服力。

有一名推销机床的推销员来到一家工厂，他所推销的机器要比这家工厂正在使用的所有机器速度都快，而且用途多、坚韧性高，只是价格高出该厂现有机器的10倍以上。虽然该厂需要这台机器，也能买得起，可是因价格问题，厂长不准备购买。

推销员说："这样说吧，除非这机器正好适合你的车间，否则我不会卖给你。假如你能挤出一块地方，让我把机器装上，那么机器可在你这里试用一段时间，不花你一分钱，你看如何？"

厂长问："我可以用多久？"他已想到可把这台机器用于一些特殊的零部件加工生产中。如果机器真像推销员说的那样能干许多活的话，他就能节省大笔劳工费用。

推销员说："要真正了解这种机器能干些什么，至少需要三个月的时间，让你使用一个月，你看如何？"

机器一到，厂长就将其开动起来。只用了四天时间，就把他准备好的活加工完成了。机器被闲置在一边，他注视着它，认为没有它也能对付过去，毕竟这台机器太贵了。正在此时，推销员打来电话："机器运行得好吗?"厂长说:"很好。"推销员又问:"你还有什么问题吗?是否需要进一步说明如何使用?"厂长回答:"没什么问题。"他本来在想要怎样才能应付这位推销员,但对方却没提成交之事,只是询问机器的运行情况,他很高兴,就挂下了电话。

第二天,厂长走进车间,注意到新机器正在加工部件,车间主任正在干他没想到的机器能够干的活。在第二个星期里,他注意到新机器一直在运转。正像推销员所说的那样,新机器速度快、用途多、坚韧性高。当他跟车间的工人谈到新机器不久就要运回去的时候,车间主任列出了许多理由,说明他们必须有这台机器,别的工人也纷纷过来帮腔。"好吧,我会考虑的。"厂长回答说。

一个月后,当推销员再次来到工厂时,厂长已经填好一份购买这台新机器的订单。

我们在观看魔术表演时,常常惊叹于魔术师的精彩多变的手法,殊不知,拆穿这些所谓的"西洋景"才能了解真正的内幕。产品展示就是要用实实在在的产品代替华而不实的说辞,这样更有说服力。当然常见的还有餐厅前设置着菜肴的展示橱窗,商场把服饰穿在人体模型身上,建筑商售楼处陈列着样品屋等,这些都是商家为了达到促销的目的,向观众展示产品的方式。当然销售也不例外,要想让顾客对产品依赖,产品展示是最有效的手段之一。

案例中,推销员之所以成功地卖出自己的产品,就在于其通过演示结果来打动客户的心。推销员先是运用了看似不划算的方式让客户"免费"使用机床一个月,让客户在看似"免费"的使用过程中发现产品用途多、速度快、坚韧性高的优点,进而化被动为主动,得到车间主任与工人的认可，间接影响了厂长的决策。

从以上案例可以看出，如果你能很好地进行示范将商品介绍给客户并且引起客户的兴趣，你的销售就成功了一半。这位推销员正是利用精彩的演示接近了客户。艺术的语言配以形象的表演，常常会给你带来惊人的效果，助你取得推销的成功。

进行产品示范时应注意的地方：

一、重点示范顾客的兴趣集中点

在发现了顾客的兴趣集中点后可以重点示范给他们看，以证明你的产品可以解决他们的问题，满足他们的需求。

二、示范要有针对性

如果你所推销的商品具有特殊的性质，那么你的示范动作就应该一下子把这种特殊性表达出来。

三、进行展示的新产品一定要质量可靠

在对新产品的市场前景有了一定的预测之后再试销，如果新产品让顾客不满意，以后再想打开市场局面就很难了，总之要尽力赢得大家的信任。

越是认真推荐，产品价值越大

不管销售人员以何种形式介绍自己的产品，都应该对自己的产品和服务充满信心，要让客户确信你的产品对他们有用处，并让他们了解不买产品可能会出现的损失。

皮特是一位厨具推销员。有一天,他敲开了一户人家的门。开门的是房子的女主人,在听完皮特的推销介绍后她说,她的先生和邻居在后院,但是她乐意看看皮特的厨具。

尽管要说服男人认真观看商品展示是件极困难的事情,但是皮特还是鼓励这位太太邀请她的先生一同来看自己的商品。

等那位先生和邻居进来之后,皮特用他带来的厨具和这家人的厨具分别做了一碗蘑菇浓汤。当客户品尝的时候,他又把二者的差异指了出来,令客户印象非常深刻。然而男士们仍装作没兴趣的样子,深恐要掏腰包买下皮特的厨具。

这时,皮特知道展示过程并未奏效。于是,皮特决定使用自己的绝招。皮特清理好厨具,将它们打包妥当,然后向客户说:"很感激你们给我机会展示商品,我原本期望能在今天将自己的产品提供给你们,但我想将来可能还有机会。"

不料,当皮特说完这句话,两位先生即刻对皮特的厨具表现出高度的兴致。他们两人同时离开座位,并问皮特的公司什么时候可以出货,皮特告诉他们他也无法确定日期,但有货时他会通知他们。但两位先生坚持说,他们怎么知道皮特不会忘了这件事。皮特回答说,为了保险起见,他建议他们先付定金,当他们公司有货时就会为他们送来,可能要等上1~3个星期。他们两人均热切地从口袋中掏出钱来,付了定金。大约在5周之后,皮特将货送到了这两户家里。

对于销售人员来说,产品的介绍技巧是非常重要的,因为,介绍产品本就是一个将客户引入催眠状态的过程。故事中的销售员在介绍产品的时候用现场示范的效果和不同浓汤的味觉来催眠客户,虽然那两位先生已经被催眠,但是仍在抗拒,仍装作没兴趣的样子。销售员只有使出绝招,干脆拿着东西就离开。客户担心错失购买机会的心理加剧了之前的催眠效果,成功地促成了这笔交易。催眠的时机和方式有很多种,但产品介绍是最易将客户导入催眠过程的时机。

优秀的销售员会在介绍产品时,运用多种技巧,让客户主动向你购买产品。运用道具或视觉辅助工具是增强说服力的绝招,会使听众或客户对所介绍的产品产生更深刻的印象。

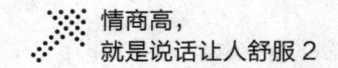

坦白小缺点，赢得大订单

美国的恒美广告公司曾经接过一个很棘手的策划案：为德国产的小型汽车——甲壳虫打入美国市场制定宣传方案。要知道，在这之前美国人偏爱的都是大型的本国产的汽车。不过，恒美广告公司出色地完成了这项策划任务。在广告播出后的短时间内，德国产小汽车——大众旗下的甲壳虫就摆脱了原来滑稽可笑的形象，一举成了畅销车型。

甲壳虫的成功大部分是依靠恒美广告公司优秀的广告策划。令人惊奇的是该广告策划的着手点：他们没有强调汽车的优点，如经济实惠或油耗小；相反，他们把汽车的缺点暴露给消费者。广告语是这样的："丑只是表面的，它能丑得更久。"

恒美广告公司策划的这个广告打破了当时业内的常规做法。它直接告诉消费者，甲壳虫汽车并不符合当时美国人对汽车的审美观。那为什么甲壳虫受到大家欢迎呢？这是因为提及商品一个小小的缺点能够增加广告的可信度。接下来再说到商品的优点时，比如甲壳虫的经济实惠与节油，人们就更会相信所言属实了。

正如法国作家罗时夫科尔德所说："主动承认自己的小缺点，是为了让他人相信我们没有大缺点。"世界知名汽车租赁公司——安飞士公司

第 2 章
展示"专业水准"的话

的座右铭运用的也是这种策略:"安飞士,我们现在排第二,但我们在努力。"还有很多的例子,如李施德林漱口水的广告:"这种味道让你一天恨三次。"巴黎欧莱雅的广告语:"我们不便宜,但你值得拥有。"

除了广告策划以外,还有很多成功运用该策略的案例。

有学者经研究发现,如果某方的律师向陪审团自曝案件不利点,而不是由对方律师揭露,那么陪审团就会认为该律师的可信度高,在最后做出判决时也会更倾向于对他有利。此外,想找工作的人也应注意,如果你的履历里全是优点,那你得到面试的概率就会变小;相反,那些勇于揭短的简历主人,获得面试的机会会更多。还有其他许许多多的地方都能用到自曝缺点的策略。

当你的客户想对汽车进行试驾时,你可以先告诉他这辆车的缺点,特别是客户不容易发现的那些缺点,如汽车后备厢的灯会闪,汽车不是很省油等。这会增加顾客对你和你所销售汽车的信任度。

如果你向某公司推销彩色复印机,但你的复印机在进纸张数上不如对手的产品,为了取得客户的信任,最好是由你自己说出这个缺点。因为这样客户才更相信你稍后谈到的机器的优点。

既然自曝缺点能赢得别人的信任,那是不是只要是缺点都可以暴露呢?当然不是。该策略的运用是有前提的,那就是产品的缺点要瑕不掩瑜。这是很重要的一点。

为了使这种策略更有效,还有一个需要注意的地方,那就是研究人员葛德·伯纳所说的:"我们在坦白缺点的同时,应该用有中和作用的优点来补充。这才是让别人信任你的最好、最有效的策略。"

伯纳为一家餐馆设计了三种广告:第一种只宣传优点,如餐馆舒适的就餐环境;第二种在宣传优点的同时,加上毫不相关的缺点,如除了表示就餐环境舒适外，还指出该餐馆没有专用的停车场；第三种则在描述缺点后，再找出与缺点有联系的优势，如虽然餐馆很小，但却很舒适。

结果，看了第三种广告的人自然而然地把劣势和优势联想在一起，地方虽然小，但是也正因为小才会舒适。虽然后两种广告都讲述了餐馆的优缺点，也都增加了顾客对餐馆的信任度，但是最后一种广告让顾客对餐馆的好评度最高。

所以说，如果你只是想提高他人对你的信任度，那揭什么样的短都没错。但如果你还想提高他人对你所谈之物的评价，那就要确保你请出的每朵乌云旁，都有一缕阳光与之相伴。

第 2 章
展示"专业水准"的话

终极演示话术

产品介绍之道:通俗易懂

在向客户介绍产品时,你必须做到简洁、准确、流畅、生动,而且还要注意选择时机,切不可卖弄专业术语。因为你销售的是产品,而不是那些抽象的专业术语!

客户:"什么是CST?"

电话销售人员:"就是你们所需要的信箱。"

客户:"它是纸板做的,金属做的,还是木头做的?"

电话销售人员:"哦,如果你们想用金属的,那就需要我们的FDX了,也可以为每一个FDX配上两个NCO。"

客户:"我们有些打印件的信封会特别长。"

电话销售人员:"那样的话,你们便需要用配有两个NCO的FDX传发普通信件,而用配有RIP的PLI传发打印件。"

客户(稍稍按捺了一下心中的怒火):"小伙子,你的话我听起来十分难懂。我要买的是办公用具,不是字母。"

  电话销售人员:"噢,我说的都是我们产品的代号。"

  客户:"我想我还是再找别家问问吧。"(挂断电话)

  这一销售过程中,销售员犯的错误是使用的语言过于专业,不懂得变通,让客户失去了购买的兴致。用客户听得懂的语言向客户介绍产品,这是销售人员必须具备的最基本的常识,尤其是对商品信息不熟悉的客户来说,销售员一定不要过多地使用专业术语。

给客户选择的余地

  推荐的过程说白了就是找出符合客户要求的产品,然后介绍它们的品牌、型号、配置和价格。最后由客户来选择。这个选择过程基本可以总结为以下两步:第一步,列举几种可供选择的产品和这些产品各自的特点;第二步,让消费者从中选择认可的一个备选项。

  所以,销售员应该做的就是将客户引入到一个选择环境中,并且客户无论做哪种选择,都是对销售有利的。我们先看一个案例:

  电话销售:"您好,LD笔记本专卖,请问您有什么需要?"

  客户:"我想买台笔记本电脑。"

  电话销售:"好的,没问题,我们这里品牌齐全。您需要什么价位的?对品牌有要求吗?主要是办公还是娱乐?经常携带吗?"

客户:"不要太大的,七八千左右,也就是打打字,看看电影什么的。牌子嘛,尽量好一点。"

电话销售:"好的。根据您的要求,我觉得HB、AD和DL中的几款都比较适合您。具体来看,HB是国内第一大品牌,质量、服务都不错,但价格过高,有些不值。

"至于AD,机器虽然便宜,但是售后服务跟不上,全国的维修点非常有限,以后机器出了问题不好修。

"而DL既是大品牌,售后又是免费上门服务,保修期内还能免费换新机,还有24小时的免费电话技术支持,就是价格高了一点而已,要知道笔记本的总价里有30%就是它的服务增值啊。"

客户:"那么,DL的哪款机型性价比高一些呢?"

电话销售:"我认为B款挺不错的,在同等价位中,它的配置是最高的。而且现在这款机型正在搞促销活动,买笔记本加送笔记本锁、摄像头、清洁套装、128兆U盘和正版瑞星杀毒软件,这可是个很好的机会呀。"

客户:"你们什么时候能送货上门?"

给客户提供备选项的过程中,销售人员要切记只能推荐两到三款,三款最好。少了,客户没有挑选的余地,自己也没有回旋的余地;多了,客户会挑花眼,自己也会因为盲目推荐而没有目标。接下来的谈话很重要,要让客户实实在在地体会出产品本身的优异性能。

以上案例就体现了这一点,就是给消费者提供了三个可供选择的备选项,并且表明每一个选项的利害得失。让消费者从自己的实际利益出发,做出最佳选择,完成销售的说服过程。

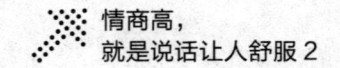

搞定可能毁掉生意的闲逛顾客

做零售的销售员可能碰到过这样的情况，顾客对商品已经很满意了，都准备付款了，却因闲逛客人几句挑刺的话而放弃购买。对于这种情况，销售人员到底应该怎么做比较合适呢？其实该问题的处理方法非常简单，但是如果我们用以下方式来处理，我想结果将会变得非常糟糕。

（一）

销售人员："哪里不好看啦？"

（二）

销售人员："你不买就算了，还乱说话影响别人购买！"

（三）

销售人员："拜托你不要这么说，好吗？"

（四）

销售人员："您要相信自己的眼光，千万别听他的！"

（五）

销售人员："这款产品质量真的很好，绝对不会出现他说的情况！"

第一个案例中销售人员的回应只能引导闲逛客人进一步详细说出商品不好的地方，属于一种消极的引导方式。

第二个案例可能导致闲逛客人与销售人员发生争吵，影响销售人员的专业形象，并且顾客会认为商品真的有问题，否则销售人员为什么如此生气呢,这将导致顾客的购买热情大大降低。

第三个案例表示销售人员害怕闲逛客人说出商品存在的问题,给顾客的感觉就是那件商品一定有问题。

第四个案例没有说服力,难以解开顾客的心结。

第五个案例是此地无银三百两的说法,更让顾客疑心重重。

顾客在挑选和试用商品时,经常会与不相识的闲逛顾客互相交流对产品的看法。在这种情况下,顾客会很容易相信其他顾客的话。因为顾客的立场是一致的,他们之间更容易沟通和产生共鸣。所以,闲逛顾客的一句话可能让销售人员不费吹灰之力就把产品卖出去,也可能将销售人员费了九牛二虎之力眼看要成交的生意泡汤。其实,销售人员要处理好该问题只要把握好以下三点即可:

一、镇定自如不失态

任何失态的语言与行为不仅影响自己在顾客心目中的形象,也会让顾客感觉商品真的有问题,否则销售人员为什么会如此生气呢?

二、真诚感谢巧转移

真诚感谢闲逛客人的意见,但应立即通过提问快速转移问题焦点。因为闲逛客人的话已经对销售过程产生消极影响,所以不可以与他纠缠,也根本没有必要在闲逛客人身上花费过多的时间,销售人员此时可以通过稍有压力的方式巧妙地将闲逛客人支开,这才是处理该问题的关键点。

三、调整重心树形象

顾客永远都是销售人员工作的重心,销售人员在不得罪闲逛客人的情况下,通过提问引导顾客思维,树立自己的专业形象,并让顾客感觉到闲逛客人的观点其实不重要,重要的是自己使用中的实际感受。

第3章

发掘"购买需求"的话

——会问问题凭技巧,能问出需求靠情商

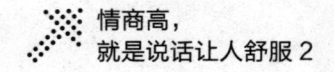

发现客户真正想要的东西，100%成交

从客户的言语中收集信息，洞察客户内心真实想法，并且巧妙击中客户的隐衷，使其内心的真实想法完全表露出来，成交信号就会显现出来。

罗必德："卡特尔先生，依照您的意思来看，您最中意的是与您现在租住楼房相邻的那幢楼房？"

卡特尔："是的，那样的话，从办公室的窗户往外看，我仍能看见江中船来船往，码头上工人们繁忙工作的热闹景致。而且我的一些职员也向我推荐买那幢房子。"

罗必德："但我的意思是，您为什么不买下钢铁公司正租着的这幢旧楼房呢？要知道，相邻那幢房子中所能眺望的景色，不久便会被一幢计划中的新建筑所遮蔽，而这幢旧房子还可以保证对江面景色的眺望。"

卡特尔："不行，我没有一点儿购买这幢旧房子的意思。你看这房子的木料太过陈旧，建筑结构也不太合理，还有……"

（罗必德静静地听着，听着听着，发现卡特尔对那所楼房所给予的批评，以及他反对的理由，都是些琐碎的地方，显然可以看出，这并不是出于卡特尔本人的意见，而是出自那些主张买相邻那幢新房子的职员的意

第3章
发掘"购买需求"的话

见，罗必德心里便明白了八九分，知道卡特尔说的并不是真心话。其实他心里真正想买的，却是他嘴上竭力反对的他们已经租下的那幢旧房子。这样罗必德心里就有了一定的胜算。当卡特尔说完楼房缺点后，罗必德在电话里沉默着，似乎在思考什么，过了一会儿才说话。）

罗必德："先生，您初来纽约的时候，您的办公室在哪里？"

卡特尔（沉默了一会儿）："什么意思？就在这所房子里。"

罗必德（等了一会儿）："钢铁公司在哪里成立的？"

卡特尔（沉默了一会儿，并且说话的速度很慢）："也是这里，就在我们此刻所坐的办公室里诞生的。"

（罗必德在电话中又开始沉默，两人都在沉默中。终于卡特尔开口了。）

卡特尔（激动地）："我的职员们差不多都主张搬出这幢房子，然而这是我们的发祥地啊。我们差不多可以说是在这里诞生、成长的，这里实在是我们应该永远长住下去的地方呀！你赶紧过来，咱们把具体事项办一下。"

推销员是人，客户也是人。与商店零售不同的是，访问推销能走进客户的生活，而商店零售很难做到这一点。在机械化的推销过程中，推销员往往看不到隐藏在客户内心深处的真实想法，只有深入思考、破解客户的深层心理需求才能把产品卖出去。在这个案例中，房地产经纪人罗必德就是因为破解了客户卡特尔的真实想法而成功签单。

首先，当罗必德劝说卡特尔买下其正在租用的旧房子时，卡特尔提出了很多反对意见，而罗必德只是在耐心地倾听，这是推销员出色沟通能力的体现。在倾听过程中，罗必德收集到了重要的信息：在卡特尔的心中，潜伏着一种他自己并不十分清晰的、尚未察觉的情绪，一种矛盾的心理——卡特尔一方面受其职员的影响，想搬出这幢老房子；另一方面，他又非常依恋这幢房子，仍旧想在这里住下去。罗必德经过逻辑推理和分析判断，最后得出了结论：卡特尔真正想买的正是"他嘴上竭力反对的他们已经占据着的那幢旧房子"。

其次，掌握了客户的真实需求后，罗必德开始运用策略进行说服。"您初来纽约的时候，您的办公室在哪里？""钢铁公司在哪里成立的？"这些看似随意、感性的提问，其实都是罗必德精心设计的。正是这些问题，巧妙地击中了卡特尔的隐衷，使其内心的真实想法完全表露出来。最终，罗必德成功了，卡特尔买下了这幢旧房子。

罗必德的成功，完全是因为他研究出了卡特尔的心思，并巧妙地使用了攻心提问法。可见，作为推销员，不能只是机械地向顾客推销产品，而要先破解顾客内心的真实需求，并用问题引导客户审视自身的状况，这样才能取得事半功倍的效果。

第3章 发掘"购买需求"的话

想让客户买更多，每一步提问都需要高情商

客户的需求需要引导

采取柔性引导方式，通过巧妙的提问，让客户参与到自己的设想中，一起明确客户的真正需求。

销售员："琼斯太太，早安！我叫哈默·克莱斯，来自全球保安公司。"

客户："你好。"

销售员："琼斯太太，您寄了由我们付邮资的回函卡片，详细说明了您对产品哪些特色感兴趣。"

客户："你们在这儿附近是不是已装了许多保安系统？"

销售员："是的，这一区就有20多户人家装有我们的系统，琼斯太太。"

客户："这么多呢。"

销售员："您在回函中提到您对安全防护门有兴趣？"

客户："是的，我这房子里是有一套很好的保安系统，但是供货公司并没有给大门安装防护装置。"

销售员:"您现在装的是什么系统,琼斯太太?"

客户:"所有窗子都有线路连接到'紧急警报'系统公司。"

销售员:"噢!我们对它很了解,是家不错的公司。实际上,您可以将您的防护大门接通到该公司的系统,这样一来有情况时您就不必打两个电话,二来您也不必付两份维护费用。"

客户:"真是太好了。"

销售员:"您有没有想好要装什么样的大门?"

客户:"这个我倒不确定。"

销售员:"这样说吧,您是想要大门非常实用呢,还是既安全外观又优雅,并且足够配得上您那漂亮花园呢?"

客户:"我当然希望能与房子装潢和谐搭配。想象要一辈子老像这样把自己严严实实地锁在里头也真够吓人的。"

销售员:"这当然不好,但是安全总比事后后悔好吧?对了,您只要前大门吗?"

客户:"我只有一个前门,但是我也要给我的房门装上防护系统。"

销售员:"那么我会建议您用我们的黑煞二将系列。"

客户:"为什么?"

销售员:"我认为这个系列好就好在它上面有些花的装饰,刚好与花园这一主题搭配,您还会注意到在图案之间有锁的位置,可依您所好喷上色彩。"

客户:"听起来不错,但是它们够安全吗?"

销售员:"琼斯太太,当您关上门,亲手上锁时,我保证您将感觉牢固无比,想象晚上可以安安心心上床睡觉,知道没有任何事物可以侵犯您,心里该有多踏实啊。有全球保安系统守护着您,夜间什么声音也不会打扰到您。"

在上述案例中，销售员采取柔性引导方式，让客户参与到自己的设想中，一起构建了一幅客户真正需求的清楚的意象图。在这个过程中，销售员首先通过聊天的方式来接近客户，接下来提到了附近已有很多户人家使用了他们公司的产品，以获得客户的认同。继而在客户不确定安装什么样的大门时，销售员以提问的方式帮助客户选择性地说出了答案。通过询问一般和特定问题，销售员了解了客户的特定需求。在最后当客户对保安系统的安全性提出疑虑时，销售员结合逻辑、想象、节奏为客户构建意象图，同时调动客户的触觉、听觉及视觉进行全方位的说服，让客户坚定地认为这就是他们所期望的产品。

让客户为潜在需求埋单

客户并非没有需求，关键看推销员从哪个角度来挖掘。推销员只要能够使自己的思维更加灵活，以不同的方式向客户推销，就会使自己的工作随着客户的另一种选择而获取更大的利益。比如从客户的未来需求入手，其实就是客户的"潜在需求"，只是因为时间的问题不易被客户觉察到，而这正是推销的契机。

托尼是一位医疗设备的推销员。他花了不少时间，试图说服杰尔森医生更新消毒设备，但得到的答复总是"我过一阵子会考虑这个问题，现在实在没有预算""明年春天再说吧！他们预测经济会衰退，到时候就知道是不是真的"等等。

最后，托尼实在无法再等了，他想了一个方法，决定采取行动。于是他打电话给杰尔森医生说："医生，有一件重要的事，我一直想和您谈谈，这件事对您关系重大。礼拜四中午一起用餐吧，不知道您方不方便？"杰尔森医生一听是大事，马上答应见面。

用餐时，杰尔森医生单刀直入地问："是什么样的大事？"

托尼从口袋中取出一张卡片，盖在桌上。

"医生，请问您诊所的租约什么时候到期？"

"明年九月份。"

"听说那幢大厦要出售，我想您应该不会续约吧？"

未等医生回答，托尼又接着说："虽然这件事还没有定案，不过我听说有所大学想在这附近建一个新校区。如果这事是真的，您的诊所是一定要搬的，对不对？"

"是啊。"杰尔森医生说。

托尼接着说："您可以把诊所搬到别的地方。反正，不论政治局势好坏、经济是否衰退，人们还是需要医生的。"

杰尔森医生点点头。

"既然如此，您为什么不现在就决定迁移诊所呢？您至少还会行医20年以上，总不会一直待在这个窄小的诊所吧？"

杰尔森医生微笑着说："我的诊所确实太挤了！"

托尼将桌上的卡片递给杰尔森医生，杰尔森医生看见卡片上印着一行字："凡事彻底考虑周详才下决定的人，永远做不了决定。"

"我跟太太也常谈到这一点。记得买第一辆车和第一幢房屋时，我

第3章
发掘"购买需求"的话

们都讨论过这一点的重要性。总是我太太先预见未来的发展,坚持这些都是未来的需求。她的判断是正确的。"杰尔森医生说完,一拍桌子,说:"好!感谢你的建议,我今年夏天就迁移诊所。"

两周后,托尼接到杰尔森太太的电话,说她的先生已经找到一幢大厦,签了十年租约。她还说,杰尔森医生很快就要找托尼讨论更换医疗设备等事宜。"我要先谢谢你,"她说,"总算有人劝他搬出那个小诊所了。"

"听说那幢大厦要出售""听说有所大学想在这附近建一个新校区",这两个假设无论哪个成立,杰尔森医生都要迁移诊所。推销员利用假设调动客户来想象,取得了客户的认同,建立了初步的信任。

托尼见自己的策略取得了初步成效,于是趁机说:"既然如此,您为什么不现在就决定迁移诊所呢?您至少还会行医20年以上,总不会一直待在这个窄小的诊所吧?"这句话的目的同样是在调动医生大脑的想象,一旦迁移了诊所,那么自己所有的问题都会迎刃而解。最后杰尔森医生的答复是:"感谢你的建议,我今年夏天就迁移诊所。"客户在想象之下做出了决策。

在这个案例中,推销员托尼为了说服杰尔森医生更新消毒设备花费了很多时间,而每次医生都用各种各样的借口拒绝了他。托尼知道,继续采用相同的方法是不会成功的,而他仍然坚信杰尔森医生是有这个需求的,最后他想出了一个办法,即运用假设的方法,预测出客户的未来需求,进行深度的思考、分析和判断客户可能的需求从而达成交易。

肯定回答，不断增强客户购买决心

给客户说"是"的心理暗示

在销售中，运用一定技巧让客户说"是"且使其保持一定的惯性，最终你的产品同样会被客户认可说"是"！

优秀的销售员可以让顾客的疑虑通通消失，秘诀就是尽量避免谈论让对方说"不"的问题。而在谈话之初，就要让他说出"是"。销售时，刚开始的那几句话是很重要的，例如，"您好！……我是××汽车公司派来的，是为了轿车的事情前来拜访的……""轿车？对不起，现在手头紧得很，还不到买的时候"。

很显然，对方的答复是"不"。而一旦客户说出"不"后，要使他改为"是"就很困难了。因此，在拜访客户之前，首先就要准备好让对方说出"是"的话题。

关键是想办法得到对方的第一句"是"。这句话本身，虽然不具有太大意义，但却是整个销售过程的关键。

第3章
发掘"购买需求"的话

"那你一定知道,有车库比较容易保养车子喽?"除非对方存心和你过意不去,否则,他一定会同意你的看法。这么一来,你不就得到第一句"是"了吗?

优秀的销售员一开始同客户会面时,就留意向客户做些对商品的肯定暗示。

"夫人,你的家里如果装饰上本公司的产品,那肯定会成为邻里当中最漂亮的房子!"

当他认为已经到了探询客户购买意愿的最好的时机,就这样说:

"夫人,你刚搬入新建成的高档住宅区,难道不想买些本公司的商品,为你的新居增添几分现代情趣吗?"

优秀的销售员在交易一开始时,利用这个方法给客户一些暗示,客户的态度就会变得积极起来。等到进入交易过程中,客户虽对销售员的暗示仍有印象,但已不认真留意了。当优秀的销售员稍后再试探客户的购买意愿时,他可能会再度想起那个暗示,但经过销售员的暗示引导,此时客户自身已经认同了销售员的说法,并且会认为这是自己思考得来的呢!

客户经过商谈过程中长时间的讨价还价,办理成交过程中又要经过一些琐碎的手续,所有这些都会使得客户在不知不觉中将优秀的销售员预留给他的暗示,当作自己所独创的想法,而忽略了它是来自于他人的巧妙暗示。因此,客户的情绪受到鼓励,定会更热情地进行商谈,直到与销售员成交。

"我还要考虑考虑!"这个借口也是可以避免的。一开始商谈,就立即提醒对方应当机立断。

"你有目前的成就,我想,也是经历过不少大风大浪吧!要是在某一个关头稍微一疏忽，就可能没有今天的你了，是不是？"不论是谁，只要他或她有一丁点儿成绩，都不会否定上面的话。等对方同意甚至大发感慨后，优秀的销售员就接着说：

"我听很多成功人士说，有时候，事态逼得你根本没有时间仔细推敲，只能凭经验、直觉来一锤定音。当然，一开始也会犯些错误，但慢慢的，判断需要的时间越来越短，决策也越来越准确，这就显示出销售员深厚的功力了。犹豫不决是最要不得的，很可能坏大事呢。是吧？"

即使对方并不是一个果断的人，他或她也会希望自己是那样的人，所以对上述说法点头者多，摇头者少。因此下面的话，就顺理成章了：

"好，我也最痛恨那种优柔寡断、成不了大器的人。能够和你这样有决断力的人做生意，真是一件愉快的事情。"这样，你怎么还会听到"我还要考虑考虑"之类的话呢？

任何一种借口、理由，都有办法事先堵住，只要你好好动脑筋，勇敢地说出来。也许，一开始，你运用得不纯熟，会碰上一些小小的挫折。不过不要紧，总结经验教训后，完全可以充满信心地事先消除种种借口，直奔成交，并巩固签约成果。

用问题引导销售进度

在与顾客交谈的过程中，销售人员应该多提一些积极肯定的、能让顾客增强对产品信心的问题，按照自己事先构思好的问题一步步提问，把顾客的思维始终控制在自己的计划内。

第3章
发掘"购买需求"的话

"先生家里有几口人?"

"5口人。"

吴涛又转过身来问太太:"太太是隔日买菜呢,还是每天都去市场买菜?"太太笑而未答,吴涛并未放弃,继续热情地为这位太太做了个"选择答案"。

"听说有人一星期买一次,有人3天买一次。他们认为3天买一次,菜会更加新鲜。太太您喜欢哪一种买法呢?"

太太终于回答说:"我想3天买一次更好些。"

这时丈夫蹲下来查看冰箱下方放啤酒的地方,估算着可以放多少瓶啤酒。吴涛马上说:"先生,听说爱喝啤酒的人是这样的,一次买上一打存在冰箱里。这样的天气,每天晚上下班回家就可以享受一瓶冰镇啤酒,真可谓享受啊,您说是不是,先生?"

丈夫满意地点点头。

吴涛又问太太:"太太,您看这个可以容纳3天的蔬菜吗?"

"可以,可以,刚刚好。"

"你看这个小点的够不够?"

"不行吧。"

"太太,您打算把冰箱放在什么地方?是客厅里还是厨房里?"

"放在厨房,这样做饭比较方便。"

"是啊!我也这么想。"

吴涛继续为这对夫妇勾勒一幅动人画面:"夏天的冰镇啤酒、西瓜、汽水、软包装饮料,解暑可口;冬天的冰激凌也别有一番风味,更不要说随时取出青嫩的蔬菜和新鲜的鱼肉了。尤其是用电冰箱可以节约买菜的时间,也可以省下不少的菜钱,还可以从容不迫地招待那些突然登门的客人，真是一举数得啊！"

　　紧接着，吴涛又问："先生住在哪儿？离这儿远吗？"

　　"不太远，就在附近。"

　　"那么是马上送到府上，还是明天一早给您送去好呢？如果今天送去，明天就可以放进很多新鲜的蔬菜和鱼肉啦！"

　　太太："还是明天吧。我们要先空出地方来。"

　　就这样，吴涛成功地卖出了一台冰箱。

　　开始时吴涛只是简单地介绍了一下，发现对方有购买意图后，才进一步的推销。从家里的人口，到买菜的规律，这些提问看似随意却是事先精心构思好的。

　　当吴涛留意到男顾客查看放啤酒的地方，就马上借题发挥。在快要结束谈话时，吴涛又发挥了联想能力，为这对夫妇勾勒了一幅画面："夏天的冰镇啤酒……真是一举数得啊！"显然这段话非常打动顾客的心。

　　最后吴涛询问顾客的住址，其实他此时的问话并非真想了解这对夫妇的住处距离商场有多远，而是把销售引向了一个新的目标阶段——要把货送到顾客家里。果然，他顺理成章地促成一笔生意。

有逻辑的提问，满足客户所有需求

　　谁能打开客户购买决策的宝箱，谁就能最有效地进行销售。倾听与询问是打开箱子的两把钥匙。

王强："高主任，国税局的信息系统是怎么构架的？"

高主任："我们有办公系统和税务管理系统。税务管理系统是我们的业务系统，这次采购的服务器就是用于这套系统。"

王强："我听说你们的办公系统使用得非常成功，相信这次管理系统的建设也将会取得成功。您对这次计划采购的服务器有什么要求呢？"

高主任："这批服务器用于存储和计算税务的征收情况，最重要的就是服务器的可靠性。"

王强："的确。所有重要的数据都存储在服务器的硬盘内，数据的丢失将会带来很大的损失。您想怎样提高服务器的可靠性呢？"

高主任："首先，我们要采用双机系统，所以服务器要支持双机系统。其次，服务器的电源、风扇要有冗余。另外，存储系统要采用磁盘阵列，支持RAID5。"

王强："您是倾向于使用内置的磁盘阵列，还是外置的磁盘阵列？"

高主任："外置的。外置的更可靠一些。"

王强："这样，就有双保险了。您对于服务器还有其他的要求吗？"

高主任："处理能力。我们要求服务器至少配备两个CPU，PCI总线的带宽为133兆以上，I/O系统采用80兆以上的SCSI系统。"

王强："我们的产品对满足这些要求都没有问题，您为什么需要这样的配置呢？"

高主任："我们的数据量增加很快，现在我们的服务器每秒钟需要处理500笔操作，我估计3年以后可能达到1000笔。我是根据现在服务器的处理能力估算出来的。"

王强："您是希望服务器能够满足3年的使用要求？"

高主任："对，这是局长的要求。"

王强："这个配置正好是现在的主流。除了可靠性和处理能力以外，其他的要求呢？"

高主任："服务也非常重要，我们要求厂家能在24小时内及时处理出现的问题。"

王强："是的，服务非常重要，我们一直将客户服务作为最重要的指标。其他方面呢？"

高主任："没有了。"

王强："让我总结一下。首先您希望服务器可靠性强，支持双机系统，冗余的电源和风扇，支持RAID5的磁盘阵列。其次，您对处理能力的要求是双CPU，主频高于800兆，总线带宽大于133兆，I/O速度大于80兆。另外，您还要求厂家能在24小时内及时处理故障，对吗？"

高主任："对。"

两周之后，王强为客户提供了符合要求的服务器。

在与高主任交谈的过程中，王强按照自己事先设计好的问题一步步提问，把客户的思维始终控制在自己的计划内。当他了解了客户的需求后，自然就能够为客户提供符合其需求的产品，让客户满意。

王强每问完一个问题，总是专注地倾听客户的回答。这种做法可以使客户有一种被尊重的感觉。许多销售人员常常忘记这一点，要知道，倾听是确保沟通有效的重要手段。如果在客户面前滔滔不绝，完全不在意客户的反应，销售人员很可能会失去发现客户需求的机会。

问题转机：一个好问题就是一次机会

感性提问

要改变客户最初的购买需求标准，销售人员需要站在客户的立场上，想客户之所想，启发客户选择最佳需求标准，这样才能成功。

张平："先生您好，我是公司的销售代表张平，听领导交代说您打算在我们这买一辆货车是吗？也许我能帮上您的忙。"

客户："是的，我想买一辆2吨位的货车？"

张平："2吨位够用的？万一货物太多，4吨位不是更实用吗？"

客户："我们也得算经济账啊！这样吧，以后我们有时间再谈。"

（此时，推销明显有些进行不下去了，如果张平没有应对策略也许销售就此结束了，但张平不愧是一位销售高手。）

张平："你们运的货物每次平均重量一般是多少？"

客户："很难说，大约2吨吧。"

张平："是不是有时多，有时少呢？"

客户："是这样。"

张平："究竟需要什么型号的车，一方面看货物的多少，另一方面要看在什么路上行驶。你们那个地区是山路吧？而且据我所知，你们那的路况并不好，那么汽车的发动机、车身、轮胎承受的压力是不是要更大一些呢？"

客户："是的。"

张平："你们要买的货车主要在冬季营运吧？那么，这对汽车的承受力是不是要求更高呢？"

客户："对。"

张平："货物有时会超重，又是冬天里在山区行驶，汽车负荷已经够大的了，你们在决定购车型号时，连一点余地都不留吗？"

客户："那你的意思是……"

张平："您难道不想延长车的寿命吗？一辆车满负荷甚至超负荷，另一辆车从不超载，您觉得哪一辆寿命更长？"

客户："嗯，我们决定选用你们的4吨位车了。"

就这样，张平顺利地卖出了一辆4吨位的货车。

在这个案例中，我们看到，张平负责推销4吨位货车，而顾客想要2吨位的货车，因此在谈话刚刚开始，张平就遭到了客户的拒绝：以后我们有时间再谈。这是客户做出的决定，是不容易被改变的，这时候，如果张平没有应对的策略，那么谈话也就到此结束了。

"你们运的货物每次平均重量一般是多少？"通过这么一句感性的提问，聪明的销售员把客户的思维拉了回来。在下面交谈中，张平做了一个重要的工作：那就是影响客户的需求标准！让客户自己制定对销售人员有利的需求标准。

总的来说,销售员在销售期间,仔细倾听客户的意见,把握客户的心理,这样才能保证向客户推荐能够满足他们需要的商品,才能很容易地向客户进一步传递商品信息,而不是简单地为增加销售量而推荐商品。转变客户的需求标准来实施销售就是要站在客户的立场上,想客户之所想,这样才能成功交易。

以提问明确被拒原因

销售员在推销过程中难免会遇到被拒绝的情况,那么接下来要做的就是找出被拒绝的原因。通过提问明确原因是一种比较委婉的方式,顺着客户的话不断追问客户拒绝交易的原因,直到明确真正的原因所在,然后再就问题解决问题。当然,追问也必须讲究一些技巧、原则,而不可不顾对方的感受而死缠烂打地追问。

销售人员:"您好!韩经理,我是××公司的×××,今天打电话给您,主要是想听听您对上次和您谈到购买电脑的事情的想法。"

客户:"啊,你们那台电脑我看过了,品牌也不错,产品质量也还好,不过我们还需要考虑考虑。"

(客户开始提出顾虑,或者说是异议。)

销售人员:"明白!韩经理,像您这么谨慎的负责人做决定前都会考虑得十分周全。只是我想请教一下,您主要考虑的是哪方面的问题?"

客户:"你们的价格太高了。"

销售人员:"我理解,价格当然很重要。韩经理,您除了价格以外,买电脑,您还关心什么?"

客户:"你们的技术支持工程师什么时候下班?"

(客户还是有些问题,需要解释,这是促成交易的有利点。)

销售人员:"一般情况下,晚上11点!是这样的,也是考虑到商业客户一般情况下9点钟都休息了,所以才设置为11点的,您认为怎么样?"

客户:"还好。"

(客户开始表示认同,这就等于发出了购买信号,这时可以进入促成阶段了。)

销售人员:"韩经理,既然您也认可产品的质量,对服务也满意,您看我们的合作是不是就没有什么问题了呢?"

客户:"其实吧,我在考虑是买兼容机好一些呢,还是买品牌机好一些。毕竟品牌机太贵了。"

(客户有新的顾虑,这很好,只要表达出来,就可以解决。)

销售人员:"当然,我理解韩经理这种出于为公司节省采购成本的想法,这个问题其实又回到我们刚才谈到的服务上。我担心的一个问题是,您买了兼容机回来,万一这些电脑出了问题,您不能得到很好的售后服务保障的话,到时带给您的可能是更大的麻烦,对吧?"

客户:"对呀,这也是我们为什么想选择品牌机的原因。"

(客户认同电话销售人员的想法,这是进一步促成交易的时机。)

销售人员:"对、对、对,我完全赞同韩经理的想法,您看关于我们的合作……"

客户:"这事,您还得找采购部人员,最后由他们下单购买。"

第3章
发掘"购买需求"的话

销售人员:"那没关系,我知道韩经理您的决定还是很重要的,我的理解就是您会考虑使用我们的电脑,只是这件事情还需要我再与采购部人员谈谈,对不对?"

在这个案例中,电话销售人员成功地消除了客户的疑虑,最终取得了成功。

当客户说"我还是再考虑考虑"时,这只不过是一种推托之辞,销售人员若再追问一句,他们往往会说"如果不好好考虑……"这还是一种委婉的拒绝。怎样才能把他们那种模棱两可的说法变成肯定的决定,这就是销售人员应该来完成的事。

当客户说:"我再好好考虑……"

销售人员就应表现出一种极其诚恳的态度对他说:"你往下说吧,不知是哪方面原因,是有关我们公司方面的吗?"

若客户说:"不是,不是。"

那么销售人员马上接下去说:"那么,是由于商品质量问题吗?"

客户又说:"也不是。"

这时销售人员再追问:"是不是因为付款问题使您感到不满意?"追问到最后,客户大都会说出自己"考虑"的真正原因:"说实在话,我考虑的就是你的付款方式问题。"

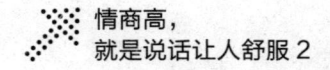

有目的性的提问才有价值

销售人员要成功，要获得更多的签单，就必须善于巧妙地提问。无论哪种形式的推销，在推销伊始，销售员都需要进行试探性地提问与仔细聆听，以便让顾客有积极参与推销或购买的机会。销售人员可以通过提问获得一些信息，包括顾客是否了解你的谈话内容，顾客对你的公司和你推销的产品有什么意见和要求，以及顾客是否有购买的欲望。

（一）

销售人员："大叔，这几天天气热起来了。您今天来是想看看电风扇吧？"（看见顾客站在电风扇专柜前驻足）

顾客："对呀！"

销售人员："那您是想看台式的还是落地式的呢？"

顾客："想放在客厅用，落地式应该好一些吧？"

销售人员："对，在客厅用落地式的比较适合。因为它的外形漂亮，有气势，还具有装饰房间的功能。来，落地式风扇都在这边，您是需要我为您有针对性地介绍，还是想自己先慢慢挑选一下？"

第 3 章
发掘"购买需求"的话

（二）

销售人员："小姐，欢迎光临××专柜，您是想看空调吧？"

顾客："对。"

销售人员："请问准备放置在多大面积的房间里？"

顾客："20多平方米。"

销售人员："那您想选1.5匹的还是2匹的呢？"

（三）

销售人员："先生，下午好！请进！请问您想看什么电器呢？"（直接提问）

顾客："洗衣机。"

销售人员："看洗衣机这边请！先生，您是想看国产的还是进口的呢？"（"二选一"法）

顾客："国产的吧！"

销售人员："国产的好，质量有保证，服务有保障，而且支持民族工业人人有责嘛！国产洗衣机种类也很多，请您随我到这边来挑选吧！"

通过恰当的提问，销售人员可以从顾客那里了解到更充分的信息，从而对顾客的实际需求进行更准确的把握。

当销售人员针对顾客需求提出问题时，顾客会感到自己是对方注意的中心，他（她）会在感到受关注、被尊重的同时更积极地参与到谈话中来。

主动提出问题可以使销售人员更好地把控谈判的细节以及今后与顾客进行沟通的总体方向。上述案例中，那些经验丰富的销售人员总是能够利用有针对性的提问来逐步实现自己的推销目的，并且还可以通过巧妙的提

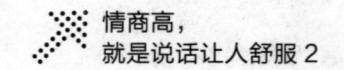

问来获得继续与顾客保持友好关系的机会。

开始销售前了解顾客的需求非常重要。潜能大师安东尼·罗宾说过："对成功者与不成功者最主要的判断依据是什么呢？一言以蔽之，那就是成功者善于提出好的问题，从而得到好的答案。"只有了解了顾客的需求后，销售人员才可以根据需求的类别和大小判定眼前的顾客是不是潜在顾客。如果不是自己的潜在顾客，就应该考虑是否还有必要再谈下去。不了解顾客的需求，好比在黑暗中走路，既白费力气又看不到结果。

要想做到有效提问，需要注意以下几点：

1.先了解客户的需求层次，然后询问具体要求。了解客户的需求层次以后，就可以把提出的问题缩小到某个范围之内，从而易于了解客户的具体需求。如客户的需求层次仅处于低级阶段，即生存需要阶段，那么他对产品的关心多集中于经济耐用上。

2.提问应表述明确，避免使用含糊不清或模棱两可的问句，以免让客户误解。

3.提出的问题应尽量具体，做到有的放矢，切不可漫无边际、泛泛而谈。要针对不同的客户提出不同的问题。

4.提出的问题应突出重点。必须设计适当的问题，诱使客户谈论既定的需求，从中获取有价值的信息，把客户的注意力集中于他所希望解决的问题上，缩短成交距离。

5.提出问题应全面考虑，迂回出击，切不可直言不讳，避免出语伤人。

6.洽谈时用肯定句提问。在开始洽谈时，用肯定的语气提出一个令客户感到惊讶的问题，是引起客户注意和兴趣的可靠办法。

7.询问客户时要从一般性的事情开始，然后慢慢深入下去。

"二选一"法则,把握沟通主动性

销售员在提问题时,尽量不要问只有"是"与"否"两个答案的问题,除非你十分肯定答案是"是"。销售员应该多用二选一的问题让客户做出选择,使得沟通能够继续进行下去。

电话销售人员:"莱迪先生,这个电话是您太太告诉我的。听她说,你们近期有买一辆中档车的打算,但最后的决定权在您手上。"

客户:"是的,有这个想法,只不过还没确定买什么样的车。"

电话销售人员:"听您太太说,你们有六个孩子,而且年龄都不大。"

客户:"是的。"

电话销售人员:"那么遥控锁是不是适合您家?"

客户:"是的。"

电话销售人员:"我打赌您也喜欢四门车。"

客户:"是的。"

电话销售人员:"您觉得带遥控锁的四门车是你们最佳的选择?"

客户:"哦,是的,我们只会买带遥控锁的四门车。"

电话销售人员:"太好了,我们有几款这样的车可供您选择。您看什么时间看样车方便？"

客户："这周末吧。"

电话销售人员："好的，到时我会给您打电话，再见，莱迪先生。"

在法律课上，教授会告诉学生："法庭上，当你盘问证人时，不要问事先不知道答案的问题。"

相同的训诫也可以用在销售上。辩护律师如果不事先知道答案就盘问证人，会为他自己惹来很多麻烦，同样的情形也会发生在销售人员身上。

尽量不要问只有"是"与"否"两个答案的问题，除非你十分肯定答案是"是"。

例如，我们不会问客户："你想买双门轿车吗？"而我们会说："你想要双门还是四门轿车？"

如果你用后面这种二选一的问题，你的客户就无法拒绝你。相反地，如果你用前面的问法，客户很可能会对你说："不。"下面有几个二选一的问题：

"你比较喜欢三月一号还是三月八号交货？"

"发票要寄给你还是你的秘书？"

"你要用信用卡还是现金付账？"

"你要红色还是蓝色的汽车？"

"你要用海运还是空运？"

可以看出，在上述问题中，无论客户选择哪个答案，业务员都可以顺利做成一笔生意。

要养成经常这样说话的习惯："难道你不同意……"例如："难道你不同意这是一部漂亮的车子，先生？""难道你不同意从这里可以看到壮观的海景，先生？""难道你不同意你试穿的这件貂皮大衣非常暖和，女士？""难道你不同意这价钱表示它有特优的价值，先生？"因为，这些问题你已很有把握客户会做出肯定的回答。当客户赞同你的意见时，也会衍生出肯定的回应。

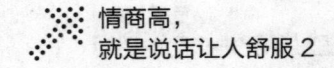

从把握客户心理方面，优化提问技巧

作为销售员，除了花费精力设计好的开场白，以引起客户的兴趣之外，揣摩客户的需要和目标也是谈话技巧中非常重要的一项。如果不能了解客户的心理预期，那么就会出现双方沟而不畅，不欢而散的局面。

法国思想家、文学家伏尔泰曾说过："判断一个人凭的是问题，而不是他的回答。"所以，要了解客户的心理需要和心理目标，提问是一种有效的方式。巧妙的提问可以引导客户表露出心理倾向，也可以引导他们自己提出解决问题的方案。

为了有效地运用提问技巧，我们在应用过程中还应该注重以下三个要点：

第一是清晰化——问题一般是针对对方的话语而发。这类型的提问意图不外是：我已经听到了你的话，但是我还想进一步确认你的真实意思。以清晰化为目的的提问，是沟通反馈的一种形式，它能够使说话人的意图变得更加明显。

第二是将原有的谈话加以扩展——提出问题的目的是就某一个方面了解更多的信息，比如弄清楚客户在生意谈判的几条标准中，最优先考虑的是什么。在这个时候，销售人员可以告诉对方："我理解您的意思，但是我想了解更多您对于产品品质方面的要求。"

　　第三是转移话题——当你对客户某个方面的想法已经很清楚的时候，可以用提出其他问题的方式，将了解的重点切换到其他方面。因为针对某个方面的多次提问虽然可以使对方的回答不断地扩展下去，但是到了一定的程度，你就得用转向式的提问以获取其他方面的信息。

　　转移话题时，我们最好选择那些与客户相关的、能够引起客户兴趣的，或者客户引以为豪的话题作为切入点。因为人们通常只对与自己有关的人或事才会给予足够的关注。

　　在了解了客户的心理预期和目标之后，销售人员要时时注意从客户那里得到的信息反馈，时时揣摩那些需要，并让你的语言和语气与客户的心理状态相契合。只有这样，说服效果才能充分地显现出来。

　　要达到语言与客户心理相互契合的理想状态，以下几点技巧是非常实用的：

　　第一，在与客户沟通的过程中，你应该站在对方的立场上去考虑问题。设身处地地为客户想想，充分了解他的观点比一味地为自己的观点与对方争辩明智得多。同时，你应该通过你的话语与口气让客户意识到你在为他着想，你充分考虑了他的利益。

　　第二，说话时采用先肯定后否定的表达方式，比较容易达到预期的效果，这种方法又叫迂回否定的表达方法。例如："您说得相当正确，大多数情况都是这样，但是现在的情况有点儿特殊性……""您所说的一点儿都不假，但是您是否考虑到……""我毫不奇怪你会产生这种感觉，当初我也曾经这么想过，后来才发现……"这些表达方式都是一种先肯定对方的异议，再说出不同观点的语言技巧。这种谈话方式能够使客户在较为愉悦的心情下，听完你后面的不同意见的陈述，避免从一开始就在心里产生对立的情绪。

第三，把话变个说法，让听的人更为受用。虽然我们一直都记得一句古语："良药苦口利于病，忠言逆耳利于行。"但也恰恰是这句至理名言，让人们在现实中吃足了苦头。在销售中，我们应该说出真话与实情，但千万不要选择逆耳的表达方式。因为没有哪个客户在消费的时候是抱着受教育的态度来的，逆耳的言语大多数时候都会被客户理解成存心找晦气，因此，还不如不说好。

第四，采用有一定弹性的语言。在销售中切忌说"满口话"，因为商业过程是一个复杂微妙的心理博弈过程，说话时如果不留余地，往往容易授人以柄，使自己处于比较被动的地位。类似于"绝对、完全、肯定、百分之百"这一类的词语都是要慎重出口的，因为这类词语容易引起听者埋藏在心底的竞争与争辩意识。另外直陈语气的实际效果往往不如探讨的口吻，探讨的谈话氛围能够给销售人员留出进退自如的空间。

语言的力量能征服世界上最复杂的东西——人的心灵。销售人员在与客户交往的过程中必须总结和掌握一些必不可少的谈话技巧，在不同的场合采用不同的技巧，只有如此才能揣摩并且迎合客户的心理状态，使语言艺术成为促进销售的有力支撑点。

第4章

提升"好感程度"的话

——你无法让产品更好,但能让客户更喜欢买你的产品

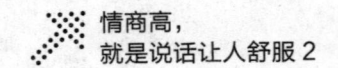

同等条件下，如何让客户要你的东西

推销不仅要深入市场做调查，了解客户的实际需求，还要了解客户的心理，热情招呼，和客户搞好关系，走进他的心里和他成为朋友。

"很多年轻的销售员拜访完客户就回去了，甚至连招呼也不打。这怎么能让客户喜欢你呢？一个成熟的销售员应该在拜访完客户，离开客户的一两天内，给客户打电话或者发邮件，告诉客户你已经离开了，谢谢他的招待，下次去拜访时请他吃饭。假如以后真的需要请他吃饭，由于你事先已经做了请吃饭的语言铺垫，请客户出来也容易得多。"一位金牌销售员如是说。

老王和老李年龄相仿，在同一条街上卖豆腐，吆喝的腔调一样悠长有余韵，但两人的生意却不一样，老王的生意总是比老李的好。老李觉得很奇怪，一样白嫩的豆腐，一样给足秤，这是为什么呢？

后来，老李逐渐发现了其中的奥秘。同样是卖豆腐，老王总是会比自己多说一句话。比如张大妈去买豆腐，老王会边称豆腐边问："身体还好吧？"跑运输的赵师傅去买豆腐，老王会说："活儿多吧？"话语里透着理解和关心。时间久了，大家都把老王当成了朋友，即使不需要豆腐，听

第4章
提升"好感程度"的话

到他的吆喝，也要买一些放在冰箱里，就为了听一句充满温馨的问候。

卖豆腐的老王主动与买豆腐的人聊天，交流感情，让他们感到，老王不是在向他们推销豆腐，而是在关心他们，为他们提供方便。这样买豆腐的人才更加认可老王的产品和服务。

一家生意兴隆的面包房雇用了许多女售货员。她们个个彬彬有礼，老主顾们都很喜欢她们。其中一名女售货员尤其出色，就算顾客还在排队或从别的售货员处购买，她也会远远地微笑着看看顾客，准确地叫出他们的名字，向他们问好。她自己招呼顾客时更是热情周到，临了总是关切地问一句："我还能为您做点什么？"

有一天，店里来了位陌生的女顾客，她看到这位售货员后似乎想起了什么，问道："好些年前您是否在××食品店做事？我常去那里，对您印象可深了，那时您是那里最有礼貌的售货小姐。"

这个例子证明了：即使相互接触的时间很短，要打交道的人很多，或出于某种客观原因表示热情的方式受到限制，但一点热情总是会起到积极的作用。这是使自己脱颖而出与他人建立起特殊关系的一条捷径。

反之，待人接物缺乏热情会十分让人扫兴。一位瑞士画家来到慕尼黑观光。出了火车站，他高高兴兴地上了一辆计程车，去往早已预定好的饭店。在去饭店的路上他想和司机聊聊，于是他选了天气的话题来攀谈："今天总算看见太阳了，真是个好天气！"计程车司机却硬邦邦地甩出一句话："这种天气有啥稀罕的。"

在合作的过程中，当你的客户向你提出某些显然需要你费些力气才能完成的请求时，你不要显出大吃一惊的样子，也不要大发牢骚以引起他的反感，还请注意别把不满的情绪写在脸上，不要唉声叹气，或扭扭捏捏，或一脸愠怒，或沉默冷淡，或冷冰冰、硬邦邦地答复对方。

如果你做出的是类似上述的反应，可能会产生三种不利影响：第一，破坏了你自己的情绪，降低了你的工作效率；第二，使对方注意不到你的实际工作成绩，只记得你的负面情绪；第三，对方会觉得你根本不尊重他，不愿与你再次合作。

因此，在与顾客交流时一定要表现出你的热情。你的热情会让顾客感觉到你很重视他、关心他、与他站在同一立场上；热情还表明你乐于善待和帮助他，与他同心协力。这样一来，客户就会觉得与你相处或合作非常愉快。

第4章 提升"好感程度"的话

好话能说到点子上,就是高情商

关键时刻说些"好听话",有分寸、有技巧、有水准地赞美客户,从而让客户接受你、信任你,这样就有可能为自己争取到又一次宝贵的销售机会。

有一次,布莱恩·崔西带一个推销新手与一家帐篷制造厂的总经理谈生意。出于训练新人的考虑,布莱恩·崔西把所有的谈话重点都交给这位新推销员,也就是说,由他来主导这次谈话,推销产品。

但遗憾的是,直到他们快要离开时这位新推销员仍然没办法说服对方。此时,布莱恩·崔西一看谈话即将结束,于是赶忙接手插话:"我在前两天的报纸上看到有很多年轻人喜欢野外活动,而且经常露宿荒野,用的就是贵厂生产的帐篷,不知道是不是真的?"

那位总经理对布莱恩·崔西的话表现出极大的兴趣,立刻转向他侃侃而谈:"没错,过去的两年里我们的产品非常走俏,而且都被年轻人用来做野外游玩之用,因为我们的产品质量很好,结实耐用……"

他饶有兴致地讲了大概20分钟,而布莱恩·崔西两人则怀着极大的兴趣听着。当他的话暂告一个段落时,布莱恩·崔西巧妙地将话题引入他们要推销的产品。这次，这个总经理向崔西询问了一些细节上的问题后，愉快地在合约上签了自己的名字。

喜欢听到赞赏和夸奖之类的话，是人的天性，客户自然也不例外。优秀的推销员总能准确地把握客户的这种心理，恰当地赞美客户——甚至可以适当地给客户带上顶高帽，以便在融洽的交谈中寻找机会推销。案例中的布莱恩·崔西就是利用了总经理以自家公司的畅销帐篷为荣的心理特点，通过夸赞赢得了对方的好感，从而扭转了对自己不利的销售局面，并最终促成了交易。

赞美不一定要直接夸对方"英明神武"，有些隐性的"好听话"更容易捕获客户的"芳心"，比如说，虚心接受客户那些"高明"的想法，让客户觉得，好的想法都是他想出来的，而不要在客户面前证明你自己有多聪明，这样才能为成功销售产品奠定良好的基础。

"好听话"是拉近关系的催化剂，当人们听到好听话时，就像亲自尝到了可口的柠檬汁，从而引起他的购买需求和欲望。

推销重要的是充分了解客户的心态。人人都有虚荣心，都喜欢听恭维的话。有时候明明知道这些赞美之辞都是言不由衷的话，但仍喜欢听。在推销过程中，如果能真诚地赞美客户，或适当地给客户戴顶高帽子，一旦客户陶醉在你的溢美之词中，你的推销就一定会成功。

想让销售进行得更顺利？那就听客户说

倾听是一种策略

倾听是人与人在交往过程中，建立与维持联系的一项基本沟通技巧。在销售活动中，倾听显得尤为重要。想要了解客户的心理需求，想要弄明白生意的关键所在，倾听的环节必不可少。上帝为什么给了我们两只耳朵一张嘴呢？我想，就是要让我们多听少说吧！

做一个好的听众，对于交易的促成来说，至少能有以下几个方面的好处。

首先，倾听是一种对人的尊重，认真的倾听是对说话者最好的恭维，它的功效在于使说话的人不仅乐于继续说下去，而且在说的过程中获得一种被尊重、被重视的满足感。这是拉近销售人员与客户之间距离的一种重要手段。

有一些销售人员在进行商品推销的时候，总是口若悬河、滔滔不绝，殊不知，在其展现良好口才能力的同时，事实上也是对客户耐心的一项重大挑战。美国汽车销售冠军乔·吉拉德就曾经告诫销售人员："成功销售的一个秘诀就是80%使用耳朵，20%使用嘴巴。"下文所要描述的发生在乔·吉拉德本人身上的这则故事，就为我们很好地揭示出了倾听在销售中的重要性。

一次，乔·吉拉德与一位中年客户洽谈顺利，但就在准备签约成交时，对方却突然变了卦，令乔·吉拉德心痛不已。

当天晚上，按照客户留下的地址，乔·吉拉德去登门求教。客户见他满脸真诚，就实话实说："这次交易的失败是由于你没有自始至终听我讲话。就在我准备签约之前，我提到我的儿子即将上大学，而且还提到他的运动成绩和他将来的抱负，我为他感到骄傲，而你当时却没有任何反应，甚至还转过头去听旁边的同事谈论花边新闻，我一怒之下就改变了主意！"

此番话重重敲醒了乔·吉拉德，使他真正领悟到了"听"的重要性，让他认识到如果不能自始至终倾听对方讲话，了解并认同顾客的心理感受，就有可能会失去自己的顾客。

其次，倾听也是化解抵触情绪的一种有效方式。在销售过程中，当谈话的对方有反对意见或者不满情绪时，认真倾听的姿态能够化解和消除这种抵触的情绪。也许，有时候你并不能提供对方所需要的，但是只要你乐于倾听他们的意见，也能够使事情进行得更为顺利。

1965年，日本经济陷入低迷，当时的市场环境很不好，松下电器的销售工作也陷入了困境。为了改善这种不利的局面，松下公司决定彻底检讨和改变整个销售体制，但是这一举措遭到了一部分销售代理商的反对。

在这种情况之下，创始人松下幸之助召集了1200家的销售代理负责

第4章
提升"好感程度"的话

人进行商议。为了有效地与他们沟通，会议一开始，松下幸之助就对大家说："我今天开这个会议，是想要了解大家关于销售体制变革的看法，请大家各抒己见。"说完，松下幸之助就请大家开始发言，尤其是让那些有反对意见的负责人来发表他们的意见。在大家发表意见的时候，他一言不发，静静地坐在一旁倾听。

等到所有人的发言都结束了，松下幸之助才详细地说明新的销售体制推行的目的及方法。令人惊讶的是，起先反对的那些销售商的负责人却并没有站出来反对他的这一改革，而是对新的方案表示支持和理解。

这次会议的成功，在一定程度上要归功于倾听策略的成功。人的心理是很微妙的，有些时候，人们的决定并不是像考试做判断题一样，不是对就是错，而是对于事情的多种结果都有接受的可能，但是他们必须把自己心中最优的想法或者郁积的不满找到表达的出口。而且这种表达要引起足够的重视，他们才会对最后面对的结果满意，倾听的策略恰恰就迎合了人们的这种心理。

再次，倾听还可以使销售人员在听的过程中了解到更多的信息，从而正确地解读客户的意图。在销售过程中如果把说话的机会总是留给自己，那么能够了解到的客户信息将非常有限。没有倾听作为基础，单方面宣扬自己的观点，就容易出现一种销售跑题的尴尬：虽然说得很精彩，但却往往不是客户真正关注的。

大多数人的头脑中都有一种思维定式，认为最优秀的销售人员应该是伶牙俐齿、激昂雄辩的那一类人。但科学研究和事实都表明，现实并非如此。据一项权威的心理调查显示，在参加心理测试的优秀销售人员中，有75%的人在性格测定中被定义成内向的人。他们为人低调诚恳，能够以客户为中心，并且十分愿意去了解客户的想法和感受。他们在销售工作中，花在倾听客户意见上的时间远多于夸夸其谈地宣扬自己的观点。

听客户说，并且引导客户说，才是销售中最好的沟通方式。

最后，倾听有时能够很好地诠释"沉默是金"这一至理名言。在销售中当客户有不同的利益主张时，倾听的姿态能够避其锋芒。虽然有句话人们常挂在嘴边——商场如战场，但销售过程的本质毕竟是商业活动，在你做出了倾听的姿态后，气氛也能趋于缓和，即便对方有不同的观点与意见，一般也不会故意将气氛推至紧张凝固的程度，从而避免了正面冲突。

同时，倾听又是一种很好的保留底牌的战术。在销售中，过早亮出底牌的一方大多数时候会处于不利的境地。而认真的倾听可以避免你把自己逼到立即亮牌的死角。倾听可以留出时间让对方去揣测，而且还能为自己留出空间去腾挪。

对于倾听的技巧，我还有一个重要的忠告：倾听或引导客户说话的时候，情绪的展现是非常重要的辅助手段，只有认真虔诚的倾听才能取得良好的效果。否则，在你读懂客户的心理变化之前，客户已经读出了你敷衍做作之下的心理变化。

对于销售人员而言，善于倾听是一项至关重要的基本素质。但做一个好的倾听者也是一门艺术。实际上，听是一回事，听见了是一回事，听懂了又是一回事，听懂并运用于实践当中才是最终目的。最重要的是，我们要有一双可以听得进话的耳朵。

那么，如何才能做一个好的倾听者呢？以下是几点建议：

一、全心全意地倾听

听音乐时，你也许喜欢轻敲手指或频频用脚跟打拍子，这没有问题，但听别人说话时却绝不能这样做，因为这些小动作最容易伤害别人的自尊心。所以在倾听时不要做一些与谈话无关的事情,要撇开令你分心的一切,不要理会墙角里嗡嗡作响的苍蝇,忘记你当日要去看牙医。这样当他偶然问你一些问题时,你才不会因为没有留心听他说话而无从回答。

听别人说话时,你的眼睛要注视着对方,点头示意或打手势鼓励对方说下去,借此表示你在用心倾听。无论和你说话的人的地位比你高还是低,眼睛注视着他是一件必要的事情,只有虚浮、缺乏勇气或态度傲慢的人才不去正视别人。

轮到你回答对方的问题时,千万不要以为你已经成为主角,你仍要把说话的机会奉还给对方。除非对方的话已告一段落,想和你互换一下角色,你才可以把话题接下去,或对方让你说话的时候你才可以这样做。

二、协助对方说下去

用一些很短的评语或问题来表示你在用心听,即使你只是简短地说"真的?"或"再告诉我多一点"。

假如你和一个老朋友吃午饭时,他对你说因为夫妻大吵了一架,整个星期都没有睡好。你千万不能像那些不喜欢听别人私事的人一样说:"婚姻生活总是有苦有乐,你吃鱼还是五香牛肉?"你这样说无疑是给他浇了一头冷水,是间接叫他最好别向人发牢骚。你应该关切地说:"难怪你睡不好,夫妻吵闹一定令你很难受。"

因为我们当中很少有人能够自我开导,总需要把自己的烦恼告诉善于倾听的朋友,所以你这样说可以缓解他心中的抑郁情绪,使他的心情慢慢好起来。

三、要学会听出言外之意

一位业绩优异的房地产经纪人认为,他之所以能够成功,是因为他不仅能做顾客忠实的听众,而且能听出顾客的弦外之音。

有一次，当他讲出一栋房屋的价格时，顾客说："哪怕豪宅也没有什么了不起。"可是说的声音有点犹豫，笑容也有点勉强，那他便知道顾客心目中想买的房子和他负担得起的价位有差距。

于是，他很诚恳地说："在你决定之前，不妨多看几栋房子。"结果当然皆大欢喜。那位顾客买到了符合他预算的房子，生意成交。

四、不要随便纠正对方的错误

无论他人说什么话，最好不要随便纠正他的错误，这样才不会引起对方的反感。如果要提出意见或批评，一定要讲究时机和态度，不要太莽撞，不讲究方式和方法的批评，无疑会将好心变成恶意。

有些人常喜欢把已经对你说过好几次的事情再说给你听，这件事可能是深埋在他心里最难忘的事情，也可能是他比较得意、高兴或者伤心、不快的事情；也有些人会把一个笑话说了几次后还当新鲜的东西讲给你听……在这种情况下，作为听者的你，要有一种忍耐的美德，你不能对他说："这事你已经对我说过好几遍了。"

这样做会伤害他的尊严，你唯一应该做的事是耐心听下去，你应该明白他是一个记忆力不好的人，你应该同情他，而且他对你反复地讲是出于对你的好感和信任，那么你应该同样用诚意来接受他的善意。

如果说话的人滔滔不绝地说你根本不感兴趣的话题，而你又觉得没有必要用时间和精力去应酬。那么你应该在不伤害对方自尊的情况下，巧妙地转移他的话题，去谈一些他擅长或喜欢的话题。

掌握倾听的艺术是受人欢迎的秘诀之一。不幸的是，大多数人不知道应该如何倾听别人说话。当别人有问题来找我们时，我们常说得太多，总是试着提出建议，其实，大多数时候他们最需要的也许只是沉默，同时把耐心、宽容和爱传达给对方。

第 4 章
提升"好感程度"的话

耐心倾听客户的每一句话

倾听是一种特殊的沟通技巧,这个技巧很简单,但却很少能引起推销员的重视。卡耐基曾说:专心听别人讲话的态度,是我们所能给予别人的最大赞美。

某天,格林先生从尼森服装店买了一件衣服,没穿几天便发现衣服会掉色,把他的衬衣领子染成了黄色。他拿着这件衣服来到商店,找到卖这件衣服的销售员,想说说事情的经过,可销售员根本不听他的陈述,只顾自己发表意见,使他在失望之余又添加了一层愤怒。

"我们卖了几千件这样的衣服,"售货员说,"从来没有出过任何问题,您是第一位,您想要干什么?"当他们吵得正凶的时候,另一个销售员走了过来,说:"所有深色礼服开始穿的时候都多多少少有掉色的问题,特别是这种价钱的衣服。"

"我气得差点跳起来,"格林先生后来回忆这件事的时候说,"第一个销售员怀疑我是否诚实,第二个销售员说我买的是便宜货,这能不让人生气吗?最气人的还是他们根本不愿意听我说,动不动就打断我的话。我不是无理取闹,只是想了解一下怎么回事,她们却以为我是上门找碴儿的。我准备对她们说,'你们把这件衣服收下,随便扔到什么地方,见鬼去吧。'"这时,店长沃特过来了。

沃特一句话也没有讲,而是听格林先生把话讲完,了解了衣服的问题和他的态度。这样,他就对格林先生的诉求心中有数了。之后,沃特向格林先生道歉，说这样的衣服有些特性售货员没有及时告诉顾客，并请求格林先生把这件衣服再穿一个星期，如果还掉色，他负责退货，他还送给了格林先生一件新的衬衣。

人人都喜欢被他人尊重，受别人重视，这是人性使然。当你专心听客户讲话，客户会有被关注的感觉，因而可以拉近你们之间的距离。不管对朋友、亲人、上司、下属，聆听有同样的功效。

在推销过程中，耐心倾听客户的心声，用肯定的话对客户进行附和，你的客户会对你心无旁骛地听他讲话感到非常高兴。根据统计数据，在工作和生活中，人们平均有40%的时间用于倾听。它让我们能够与周围的人保持接触。失去倾听能力也就意味着失去与他人共同工作、生活、休闲的可能。

所以，在销售沟通中，发挥听的功效是非常重要的，只要你听得越多、听得越好，就会有越多的客户喜欢你、相信你，并且要跟你做生意。成功的聆听者永远都是最受人欢迎的。

开发新客户，特别讲究同理心

经常有推销员抱怨客户不好找，能真正下订单的客户更是难上加难，他们总觉得客户几乎已经被开发殆尽了，事实果真如此吗？

素有日本"推销之神"美称的原一平告诉我们："作为推销员，客户要我们自己去开发，而找到自己的客户则是搞好开发的第一步。只要稍微留心，客户便无处不在。"他一生中都在孜孜不倦地用心寻找着客户，在任何时间、任何地点，他都能从身边发现客户。

有一年夏天，公司组织员工外出旅游，原一平的旁边坐着一位三十多岁的女士，带着两个小孩，大一点的大约六岁，小个子的大概三岁，看样子这位女士是一位家庭主妇，于是他便萌生了向她推销保险的念头。

在列车临时停站之际，原一平买了一份小礼物送给他们，并同这位女士闲谈了起来，一直谈到小孩的学费。

"您先生一定很爱你，他在哪里发财？"

"是的，他很优秀，每天都有应酬，因为他在H公司是一个部门的负责人，那是一个很重要的部门，所以没时间陪我们。"

"这次旅行准备到哪里游玩？"

"我计划在轻井车站住一宿，第二天坐快车去草津。"

"轻井是避暑胜地，又逢盛夏，去那里的人很多，你们预订房间了吗？"

听原一平这么一提醒，她有些紧张："没有。如果找不到住的地方那可就麻烦了。"

"我们这次旅游的目的地就是轻井，我也许能够帮助您。"

她听后非常高兴，并愉快地接受了原一平的建议。随后，原一平把名片递给了她。到轻井后，原一平通过朋友为他们找到了一家宾馆。

两周以后，原一平旅游归来。刚进办公室，他就接到那位女士的丈夫打来的电话："原先生，非常感谢您对我妻子的帮助，如果不介意，明天我请您吃顿便饭，您看怎么样？"他的真诚让原一平无法拒绝。

第二天，原一平欣然赴约。饭局结束后，他还得到了一大笔保单——为他们全家四口人购买的保险。

生活中，客户无处不在。如果你再抱怨客户少，不妨思考一下：原一平为什么在旅游路上仍能发现客户？因为他时刻保持着一颗职业心，留心观察身边的人和事。由此可见，不是客户少，而是你缺少一双发现客户的眼睛而已。随时留意、关注你身边的人，或许他们就是你要寻找的准客户。

第4章 提升"好感程度"的话

把推销说成服务，你的情商太高了

有人说微笑是推销员的名片，有人说优良的成品是销售的前提，那么到底怎么做才能做好推销工作呢？答案是提供客户想要的服务。提供高质量的服务，当客户购买产品时，是对你工作的认可也是对你的服务的认可。最好的服务是最好的推销。

有位商务软件的销售员给客户打电话，追踪软件的售后情况，并想趁此向这位客户销售其他设备："您好，是张女士吗？我是雅华公司的肖建，您现在有空吗？关于您前段时间购买的财会系统，现在运行得怎样？……很好，我打电话来主要是想作个自我介绍，并留下我的名字和电话号码，以便你有需要时和我联系。我们这里刚到了一批硬件设备，性能卓越，价格也不高，绝对是物超所值。就拿Had-4型支持设备来说，性能非常稳定，使用起来相当方便……"

经过20分钟，销售员结束了与客户的谈话。而最后，这位销售员也没有实现将其他设备销售给客户的愿望。如果销售员在电话中能采用下面的谈话，销售将能顺利地进行下去。

"您好，是张女士吗？我是雅华公司的肖建。两个星期前我们开始了愉快的合作，这个号码是我们公司的售后服务电话，如果您的新系统出现异常或为您带来了不便，您就可以拨打这个电话，我们的售后服务人员会上门为您修理。在刚刚过去的两个星期里，您的新系统运转如何？……听起来还不错，而且您的团队都在学着用了。在学习的过程中您需要什么支持系统吗？……看来在您公司中什么都不缺。那还有没有新员工要学这一系统？……人还不少嘛。恐怕那么多人不能共享一个系统了……那您还需要什么来支持未来的运行环境？……添加设备的价格是××元。……是的，不便宜，您现在有这个预算吗？……哦，很好，要做好这个预算，还有些什么需要我效劳的？……当然，我会把价格和规格传真给您，您还有别的需要吗？"

无论多么好的商品，如果服务不到位，客人便无法得到真正的满足，而当顾客受到好的服务时，他们会十分珍视，他们也会非常乐意介绍朋友来向那位服务到家的销售商场或公司购买产品。

从案例中不难看出，两段话的目的都是为了销售，但是从客户的感觉来看就完全不同了。第一段话中，这位销售员在谈话的过程中，只顾销售其他设备，而没有考虑客户的利益。这样做只会让客户产生抵触情绪，并下定决心拒绝，如果客户抱着这样的思想，销售就很难继续了。第二段对话可以使客户强烈地感觉到你是在为他服务，而不仅仅是为了销售产品，客户就会积极地加入进来，这样的对话会对你最终签订订单有很大的帮助。

服务的好坏直接影响公司的业绩。一个不满意的客户会带跑一批满意的客户。一旦客户的不满没有得到积极的响应，他们就会迅速地扩展他们的抵制情绪。反之，如果客户感受到自己真正被关注，他们也会替产品进行宣传，这样无形中就增加了你的客户资源，显然，这对公司业绩的提高是相当有益的。

好的服务才有好结果，销售不是一次性的买卖，应该把每一次成功的销售作为建立良好客户关系的开端，为自己建立起良好的形象，并为创造更高的销售业绩打基础。

研究日本那些成功的公司，你会发现它们都有一个共同的特点——在各自的行业为客户提供最优质的服务。像松下电器、丰田、索尼这样的国际知名大公司在各自的市场上都占有很大的份额。同样，这些公司的推销员也都致力于提供上乘服务，他们狂热地寻求更好的方式，以取悦他们的客户。不管推销的是什么商品，他们都有一种坚定不移的、日复一日的服务热情。

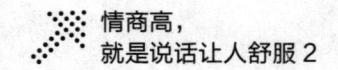

你重视我，我就喜欢你

"世上没有无缘无故的爱，更没有无缘无故的恨。"

在销售活动中，与客户打交道的时候，销售人员需要很清楚地明白一个道理：想要你的客户喜欢上你，进而喜欢上你推荐的项目或者商品，你需要做的准备工作之一就是先问自己一个问题——"我能为客户做些什么？"被别人接纳的一个有效的技巧就是，使别人接受你的帮助，进而产生要回报你的责任感。

戴尔·卡耐基在他的著作中叙述了这样一个真实的故事：

一个油漆推销员为了扩大产品的销路，抱着发展新客户的目的，找到一个用漆大户，想与采购部经理谈谈，趁机宣传一下产品，劝说他购买。

推销员抱着很大的希望登门求见，可是一连几天都被秘书挡在大门外，推托经理没空。推销员实在耐不住了，就问是什么原因。秘书告诉他，这个星期六是经理儿子的生日，这两天经理正忙着为儿子收集他喜欢的邮票，所以不见客人。听完秘书的话，推销员转身就走了。

第二天，他又匆匆赶来求见经理，秘书照样不让进。推销员解释说："我这次不是来推销油漆的，而是来送邮票的。"秘书放行了。

第4章
提升"好感程度"的话

推销员走进办公室,把自己收集到的许多珍贵的邮票放在采购部经理面前。经理欣喜不已,急忙同推销员大谈起邮票来。两个小时很快过去了,直到推销员起身告辞,经理才如梦初醒,忙问:"对不起,你贵姓?为何事而来?"等他听完推销员简短的介绍后,说:"好!谢谢你的来访,明天带上你的合同来见我。"

本来机会非常渺茫的一单生意,就这样谈成了。两小时的谈话全花在了生意之外的事情上,但是推销产品却没有费口舌就拍板定案了。

故事中的这位推销人员很好地回答了"我能为客户做什么"这个问题,抓住对方的兴趣点所在,同时在客户的兴趣点上给予帮助。客户也从推销员的实际行动中获得了存在感——他很受对方重视,顺利签了购买合同。正应了现在很流行的一句话:"做人其实很简单,只要你把我当回事,你的事就是我的事。"

从心理学的角度来说,人人都渴望被重视,这是一种很普遍的心理需求,客户也不例外。而这种心理需求刚好可以成为销售人员向客户推销自己商品的突破口,以此来攻破客户的心理,促进交易的达成。

客户渴望被重视的心理除了体现在销售人员把他们的事当成自己的事去做,刷他们的存在感之外,还体现在希望得到销售人员的尊重和赞美,以彰显自身的优越感和自豪感。

比恩·崔西是美国的一位图书推销高手,他曾经说:"我能让任何人买我的图书。"他推销图书的秘诀就是赞美顾客。

一天,崔西到某家公司推销图书,办公室里的员工选了很多书,正准备付钱,忽然进来一个人,大声道:"这些跟垃圾似的书到处都有,要它们干什么？"

崔西正准备向他露出一个笑脸，他接着一句话冲口而出："你别向我推销，我肯定不会要，我保证不会要。"

"您说得很对，您怎么会要这些书呢？明眼人一下子就能看得出来，您是读了很多书的，很有文化素养，很有气质，要是您有弟弟或者妹妹，他们一定会以您为荣为傲，一定会很尊重您的。"崔西微笑着，不紧不慢地说。

"你怎么知道我有弟弟妹妹的？"那位先生有点兴趣了。

崔西回答："当我看到您，您给我的感觉就有一种大哥的风范。我想，谁要是有您这样的哥哥，谁就是上帝最眷顾的人！"

接下来，那人一直以大哥教导小弟的语气说话，崔西像对大哥那样尊敬地赞美着，两人聊了十多分钟。最后，那位先生以支持崔西这位兄弟的工作为由，为他自己的亲弟弟选购了五套书。

崔西在当天的日记中写道："其实，我心里很明白，只要能够跟我的客户聊上三分钟，他不买我的图书，那是不可能的。因为，无论做人还是做事，要改变一个人，最有效的方式是，传递信心，转移情绪。"

同时，他也写下了一条人性定律："人是感性左右理性的动物。若一个人的感性思维被真正调动了，那么让他拒绝你比接受你还要难。而要想迅速激起一个人感性的一面，最有效和快捷的方法就是恰如其分地赞美。"

所以，要想顺利说服对方，保证推销过程的通畅，就应该学会从称赞和让对方感到满足着手。用巧妙的赞美来满足对方的自豪感，让别人真诚地坐下来与你交谈，你的目的便达到了一半，成功就唾手可得了。

第4章
提升"好感程度"的话

那么,要做到从容自如、得心应手地赞美别人,要依靠哪些相关技巧呢?

◎赞美,要善于找到对方的亮点

当我们到朋友家里做客时,看到客厅墙上有一幅山水画,我们往往会情不自禁地赞许道:"这幅画真不错,给这客厅平添了几分神韵,显出了几分雅致,谁买的?眼光可真好!"

也许,这句话只是我们不经意间随便说出来的,但我们的朋友会感到很开心。

对于业务员,和顾客初次接触也可以这样。一番寒暄过后,身旁的一切都可以成为恭维的话题。可以对接待室的装潢设计赞叹一番,还可以具体地谈一下桌上、地上或窗台上的花卉或盆景等,这些花卉和盆景造型如何新颖独特,颜色与周遭环境又是如何搭配得当等,甚至还可以对它们的摆放位置用"恰到好处""错落有致"一类的词语来形容一番。

然而,想象力丰富和具有创造精神的业务员经常能找出对方的亮点,并加以巧妙赞美。因为赞美是说给人听的,赞美某物时,必须与人挂上钩,我们只是称赞东西有什么特色,是无法突出对人的赞赏的。要紧紧盯住对方的知识、能力和品位进行称赞。

如果我们喜欢我们的顾客,我们就不难发现他们值得赞美的地方。

◎赞美,要挠到对方的"痒处"

当我们的赞美正合对方心意时,会加倍增强他们自信的感觉。这的确是赢得他人好感的有效方法。换句话说,能挠到对方痒处的赞美,作用最大。

怎么发现别人的痒处呢?

日本顶尖业务员齐藤竹之助曾说过:"想轻易地发现每个人身上最普

遍的弱点，是很简单的事情，因为只要你观察他们最爱谈的话题便可以知道。因为言为心声，他们心中最希望的就是他们嘴里谈得最多的。你就在这些地方去挠他，一定能挠到他的痒处。"

例如，对于一位非常漂亮的女士，我们要避免对她容貌的美进行赞美，因为她对这一点已经有绝对的自信。但是，当我们转而去称赞她的智慧，而她的智力恰巧并不突出时，那么我们的称赞一定会令她芳心大悦。

每个人都爱听奉承话，都渴望得到别人的认可和赞美。在赞美的作用下，有明显抵触情绪的客户也会慢慢变得友好。因此，我们说打开对方心门的最省钱、最有效的方法，就是赞美你的客户。

对于销售员来说，客户就是上帝，而客户也乐于成为"上帝"。巧妙地利用客户的这一心理，销售员就可以有效地促使他们购买你的产品。

第4章 提升"好感程度"的话

完美的"第一印象"有助沟通

所谓印象管理，是指人们在人际互动时或自我表现中运用各种技巧和方法左右他人，试图影响他人对自己的态度和看法，以期建立良好印象的过程。谈到印象管理的必要性，我们不得不提到晕轮效应（也称为"光环效应"）。

晕轮效应是指人们对他人的认知判断首先是根据个人的好恶得出的，然后再从这个判断推论出认知对象的其他品质的现象。如果认知对象被标明是"好"的，他就会被"好"的光圈笼罩着，并被赋予一切好的品质；如果认知对象被标明是"坏"的，他就会被"坏"的光圈笼罩着，他的所有品质都会被认为是坏的。

这种强烈知觉的品质或特点，就像月亮形式的光环一样，向周围弥漫、扩散，从而掩盖了其他品质或特点，所以被人们形象地称为光环效应。正是由于这种心理效应的存在，销售人员对于自身的印象管理就显得非常重要。

在这里我们所指的印象，既包括销售者的外表及装束，同时也包括销售者的自信心、谈吐、流露出的独特气质及在专业领域的知识积累。销售者的印象管理是一个独立于每一单生意之外的系统工程。

外表的魅力是最容易导致光环效应的因素。即使在强调个人意识的今天，也并不因为人们个人意识的增强而减弱。当你对一个人的外表产生好感时，他的身上就会出现积极的、美妙的甚至是理想的光环。

虽然现在很多人会在道德层面上抨击以貌取人及对外表过分关注的做法，但是不可否认的是，正如美国学者罗伯特·西奥迪尼在其营销学著作《影响力》一书中所指出的，人们通常会下意识地把一些正面的品质加到外表漂亮的人头上，像聪明、善良、诚实、机智等。

美国社会学家也做过这么一个实验：一名实验者被安插进"纽约城公司"总部，他穿着一双黑色的、饰有大白鞋扣、鞋跟磨坏的皮鞋，一件俗丽的青绿色上衣和一条印花棉布领带。到了总部之后，这名实验者先让前50名秘书去把他的公文箱取回来，结果这50名秘书中只有12人听从了他的吩咐。在后来的实验中，他穿上了华贵的蓝上衣、白衬衫，系着一条圆点丝质领带，脚上穿着一双高档皮鞋，发型整齐。在后面的50个秘书中，有42个人提供了他要求的服务。

由上述案例我们可以看出，不同的装束对其他人的影响力有多大的差别。可以说，人类所产生的印象判断很大程度上是依赖于视觉的。也正因为如此，在正式的商务场合中销售人员应该着装正式，穿着打扮不能太过随意，切忌完全按照自己的个人喜好来选择外表装束。正式的着装不仅能传达给客户一种重视与尊重的信息，而且还能很好地与商务氛围融合在一起。

除了外表装束之外，销售人员的谈吐与语言能力也是影响客户对销售者印象判断的关键因素之一。在人与人沟通的过程中，谈吐会将一个人的内涵充分地展现出来。事实上，一个人的谈吐不应该被看作是一种技能，而应该被看成是一种艺术。优秀的谈吐有助于拉近与客户之间的距离，使

第 4 章 提升"好感程度"的话

彼此的感觉由陌生变成熟悉，由冷漠变成热情。

在与客户的交流过程中，优秀的销售人员还能够运用幽默与热情，通过几句话就能制造出和谐的沟通氛围，同时也给客户留下容易与之交往相处的印象。

销售人员与客户的沟通与平时的朋友聊天有很大的不同，虽然幽默、热情很重要，但这还不够，销售人员向客户传达的信息中不仅要表现出良好的语言能力，更要言之有物，这就是我们所指的在专业领域的知识积累。因为拥有丰富的专业知识能够使你在客户那里的印象被定义为"专业"。因为客户在做出购买决定的时候更愿意顺从专业人士的意见和建议。

一个销售人员如果没有优秀的沟通能力与专业积累的话，即使再美丽的外表，再华贵的装束也无济于事，不具备上述两种能力的销售人员开口说不了几句话就会露出破绽，外在与内在的对比反差还容易给客户造成"金玉其外、败絮其中"的感觉。

关于印象管理，我们最后要说到的是销售人员的自信。自信是积极沟通的首要因素，也是给客户留下可靠与专业形象的标志性特征之一。试想，作为一个销售人员，如果本身没有自信，那么对于所从事的工作，所销售的产品，必然会表现出不确定性。对于连自己都无法相信的东西，又如何能够期待客户坚定不移地选择呢？

自信是一种心理状态的外在流露，是对自我认知与判断所抱持的肯定态度。一个人的自信并不是与生俱来的，而是一种通过锻炼与学习，逐渐建立并保持的心理技巧。自信可以来自年龄、阅历、成就及财富，但更重要的是来自自我心态的调节。所谓拥有自信并不是指对工作与生活毫无恐惧和焦虑，而是相信自己能够克服所面临的恐惧与焦虑。

当然，在销售工作中对于自信的表露也要掌握一个适当的尺度，过分的自信和不分场合的自信很容易被定义为自负,而自负留给客户的印象就不再是专业与可靠了,自负最容易让人联想到的印象是挑衅和狂妄。

  销售人员在工作中必须面对形形色色的人,他们的言语和非言语行为,直接影响着销售的成败。实际上,销售是一门赢得客户认可的艺术。为获得客户所期望的印象,销售人员必须进行印象管理。

第 5 章

应对"客户拒绝"的话

—— 先问出反对意见,再说服,情商高到没对手

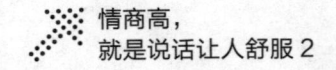

顾客挑剔就意味着购买

当推销员聆听完顾客的购买异议后，可以用"是的，但是……"或"是的，不过……"来作答。这种方法又叫迂回否定法，它是先肯定对方的异议，然后再诉说自己的观点，毫无疑问它是使用最为广泛的方法，因为它比其他方法都更适合于各种不同的情况和各种不同的潜在买主。

这种方法的理论依据是，几乎所有人都讨厌听到"不对，我根本看不出你的话有什么道理"，或"这你可说错了"，或"在你看来可能是那样，但事实毕竟是事实"，或"根本不是像你讲的那样"这一类的话。几乎所有人都讨厌他人反驳自己的观点。

经验表明，大多数顾客在提出反对意见时，都多少带有偏见，其看法有一定的片面性，或者干脆就是为了表现自己，以证明自己有许多观点和看法。但是，无论如何，推销员对顾客的这种看似无理的异议都不能迎面进行反驳，而应先肯定对方的看法，使顾客的相关需求得到满足。

你可以说："您讲得相当正确，经常都是这样，但是，这种情况有点特殊……"；你也可以说："您讲的话一点也不假，但您是否想到了另一层……"或"我毫不奇怪您最初会产生这种感觉，我当初也是这么想的，但后来我又仔细地研究了一段时间，这才发现……"只有这样，你们的交

第 5 章
应对"客户拒绝"的话

谈才能愉快地进行下去,你才可以把你的产品推销出去。

当然,十全十美的东西是不存在的,所有商品都有局限性和缺点。面对顾客提出的合理异议,若推销员还是一味设法否定或回避,效果也不一定好,此时最明智的办法就是拿出具有补偿作用的优点去压倒他列举的缺陷。

有个很善于做皮鞋生意的人,别人卖一双,他往往能卖几双。当别人向他请教生意诀窍时,他笑了笑说:"要善于拿出具有补偿作用的优点去压倒顾客列举的缺陷。"

然后他举例说:"有些顾客到你这里来买鞋子,总是东挑西拣到处找缺点,把你的皮鞋说得一无是处。顾客总是头头是道地告诉你哪种皮鞋最好,价格又适中,式样与做工又如何精致,好像他们是这方面的专家。这时,你若与之争论毫无用处,他们这样评论只不过是想以较低的价格把皮鞋买到手。

"这时,你要告诉他你的鞋子除了这些小缺点外,还有很多可以补偿这些缺点的优点。比如,你可以恭维对方确实眼光独特,很会选鞋挑鞋,自己的皮鞋确实有不足之处,如式样并不新潮,不过较稳罢了,鞋底不是牛筋底,不能踩出"笃笃"的响声,不过,柔软一些也有柔软的好处……你在表示产品不足的同时,也侧面赞扬一番这鞋子的优点,也许这正是他们瞧中的地方,可使他们动心。顾客花这么大心思不正是表明了他们其实是很喜欢这种鞋子吗?"

正如台湾一句俚语所说:"嫌货才是买货人。"顾客之所以"嫌弃"你的产品,不正是说明他对你的产品产生了兴趣吗?顾客有了兴趣,才会认真地加以思考,思考必然会提出更多的意见。

所以,作为销售人员,遇到挑三拣四的顾客时,你千万不要轻易地否定顾客提出的异议。恰恰相反，你要对自己的产品有信心，跟顾客诚恳地讲解产品的优势，不怕人嫌，不怕比较！尤其要记住，不管顾客说得正确与否，都不要和顾客发生争吵。让顾客保持愉悦的心情，有助于你推销自己的商品。

第 5 章
应对"客户拒绝"的话

你的热心必须用对地方

我们常常看到这样的情况,当客户对推销员提供的产品产生厌烦或无购买力时,有些推销员依旧是在极力介绍其产品的优点而不考虑客户的感受,导致推销失败。如果推销员会换位思考,就能够摸清顾客的消费心理,然后从顾客的角度出发,进行有意识的说服,最终便能顺理成章地促成交易。

在美国零售业中,有一家很有知名度的商店,它就是彭奈创设的"基督教商店"。

有一次,彭奈到爱达华州的一个分店里视察业务,他没有先去找分店经理,而是一个人在店里"逛"了起来。

当他走到卖罐头的区域时,店员正跟一位女顾客谈生意。

"你们这里的东西似乎都比别家贵。"女顾客说。

"怎么会,我们这里的售价已是最低的。"店员说。

"你们这里的青豆罐头就比别家贵了三分钱。"

"噢,你说的是绿王牌,那是次级货,而且是最差的一种,由于品质不好,我们已经不卖了。"店员解释说。

女顾客讪讪一笑，有点儿不好意思。

店员为了卖出产品，就又推销道："吃的东西不像别的，关系一家老小的健康，您何必省那三分钱？这种牌子是目前最好的，一般上等人家都用它，豆子的光泽好，味道也好。"

"还有没有其他牌子的呢？"女顾客问。

"有是有，不过那都是低级品，您要是想要的话，我拿出来给您看看。"

"算了，"女顾客面有愠色，"我以后再买吧。"连挑选出的其他罐头她也不要了，掉头就走。

"这位女士请留步，"彭奈急忙说，"你不是要青豆吗？我来介绍一种又便宜又好的产品。"女顾客愣愣地看着他。"我是这里专门管进货的，"彭奈赶忙来个自我介绍，消除对方的疑虑，然后接着说，"我们这位店员刚来不久，有些货品不太熟悉，请您原谅。"

那位女士当然不好意思再走开。彭奈顺手拿过沙其牌青豆罐头说："这种牌子是新出的，它的容量多一点，味道也不错，很适合一般家庭用。"

女顾客接了过去，彭奈又亲切地说："刚才我们店员拿出的那一种，色泽是好一点，但多半是餐馆用，因为他们不在乎贵几分钱，反正羊毛出在羊身上，家庭用就有点划不来了。"

"就是嘛，在家里用，色泽稍微差一点倒是无所谓，只要不坏就行。"

"卫生方面您大可放心，"彭奈说，"您看，上面不是有检验合格的标志吗？"

这笔小生意就这样做成了。顾客走后，分店经理闻讯赶来，那位店员才知道彭奈原来是总公司的老板。

在这个案例中，我们不否认这个店员工作很热心，但是技巧却运用得

第5章 应对"客户拒绝"的话

不太好。在顾客说青豆罐头贵时,店员却还是一再强调这个品牌如何好,并让顾客产生一种感觉:便宜的就是次等货。最后导致顾客决定放弃购买。这个店员显然没有站在客户的角度考虑问题,也没有弄清顾客的心理需求,这是一种典型的缺乏深入思考能力的表现。要知道,优秀的推销员关注顾客而非产品本身,他们在销售之前往往会站在顾客的角度来考虑问题,将心比心,感同身受。这与低层次的推销员只顾向顾客推销产品而不去考虑顾客是否真正需要是完全不同的。

当女顾客要离开时,彭奈的出现让销售"柳暗花明"了。"您不是要青豆吗?我来介绍一种又便宜又好的产品",这句话是从顾客的角度出发,使之感觉你是在为对方考虑,于是一下子就抓住了顾客的心理,这笔生意的成功成交,关键就在于彭奈进行了换位思考,把握了顾客的真实需求,并进行了有针对性的推销。

由此可见,一味墨守成规的销售模式成就不了成功的推销员,一个出色的推销员,他的销售思路不应是一成不变的。只有善于捕捉生活细节,洞悉市场走向,深入思考并透析顾客的消费心理,以此触类旁通,灵活应对,才能成长为一位出色的销售高手。理解并能从客户的角度看待、考虑、解决问题,是每一个渴望成功的销售人员起码应该养成的工作习惯。

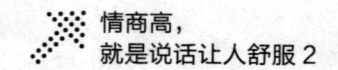

当客户说"我不需要"时

让客户认识到自己的需求

"没有需求"型的顾客很多情况下并不是真的没有需求,只是出于本能的防范心理,不愿意被销售员缠住。但是销售员如果能细心观察,深入思考,提出让顾客感兴趣的问题,那么他也愿意和你交流。这时候要及时把握好客户关注的焦点,让自己有机会在和客户沟通的过程中,掌握好客户的真正需求所在,并在交谈中有意识地引导客户发现自己的需求,让客户自己说服自己,进而促进成交。

销售员:"您好,我是××电器公司业务员杨威,我打电话给您,是觉得您会对我公司最新推出的LED电视机感兴趣。它是今年最新的款式,全新配备了200Hz智能动感技术,色彩更艳丽,清晰度更高,而且是超薄的,还节能省电……"

客户:"哦,我们的电视机凑合着还能用,LED电视目前还不需要。"

销售员:"哦,是这样,那请问您喜欢看体育比赛吗,比如说F1赛车?"

第5章
应对"客户拒绝"的话

客户:"是啊,F1是我最喜欢的体育赛事了。"

销售员:"不知道您有没有注意过,看比赛的时候,画面会有抖动和闪烁的现象,看着非常不清晰。有时候,还有拖尾现象。"

客户:"是啊,是啊。每次都让我非常郁闷,但我一直认为电视机都是这样的。"

销售员:"不是的。其实采用一些智能技术之后,就可以消除这些令您不爽的现象。比如说我们的这款电视,就可以通过自动分析相邻两帧的运动趋势并生成新的一帧,彻底消除画面的抖动和闪烁现象,画面就像丝绸一样平滑顺畅。要不您改天来亲身感受一下?"

客户:"听起来不错,那我改天去看一下吧。你们最近的地址在哪儿?"

中国人最不喜欢被人说服和管理,尤其是自己不喜欢的人。对于新客户而言,你无法用几句话就让他产生对你的信任。这个时候你最好别把自己的意见强加给客户。人们讨厌被推销员说服,但是喜欢主动做出购买决定。推销员的目标就是:引导人们对他们购买的产品感到满意,从而自己说服自己。也就是让客户认识到自己的需求。

在没有现代交通工具的时候,人们旅行靠的不都是马车吗?难道有了马车,就没有以汽车或飞机代步的需求?当然不是。关键是怎样让客户认识到自己的需求。作为销售人员,首要任务就是把这样的需求强化,并让客户强烈地意识到自己对这方面的需求。

案例中的销售员就很善于引导客户发现自己的需求。

首先,肯定客户的说法。销售员向客户介绍LED电视机,而客户表示暂时不需要。这时候,如果继续向客户介绍产品,得到的回答必然是拒绝。销售员很聪明地及时打住了。

然后,话锋一转,问客户是否喜欢看体育比赛。这是很家常的提问,客户不会有防范意识。接下来就自然地提到电视机技术,从而激发客户对 LED 电视机的兴趣。客户的注意力被吸引过来了,那么之后的产品介绍就水到渠成了。这个过程是销售员为客户创造需求的过程。最终以销售员的胜利而结束。

抓住新旧需求的拐点,既是考验销售员的随机应变能力,更是一场与客户的博弈。

危机意识

直接点出客户的危机意识,运用语言技巧让客户有"如果这次不买以后会很遗憾"之感,从而造成求之不得的迫切购买心理。

客户:"我身体很健康,根本不需要买保险!"

康耐斯:"听您这么说真应该恭喜您啊!不知道您有没有玩过纸牌或是买过彩票?"

客户:"玩过一阵子,现在不玩了!"

康耐斯:"其实,我们每个人每天都在赌博!(客户愣了一下)和命运之神赌,赌健康、赌平安无事,如果我们赢了,就可以赚一两个月的生活费用,要是赌输了,将把日后家庭所有的费用全部输光。您认为这种做法对吗?(客户摇了摇头)您既然认为赌博不好,可是现在您为了省下一点点保险费,而拿您的健康作为赌本,赌您全家的幸福!"

客户:"我有存款可以应付家用,不需要买保险。"

康耐斯:"储蓄是种美德,您能这么做可见您是个很顾家的人。但是，我冒昧地问一句，以您目前的存款是否能支付家里五年或十年以上的费用？对了！我刚刚在外面看见您的车子，真漂亮！好像才开一年多吧！不晓得您有没有买安全保险？"

客户："有！"

康耐斯："为什么呢？"

客户："万一车被偷了或被撞了，保险公司会赔。"

康耐斯："您怕车被偷或被撞，为车子买安全险，车子怎么说也只是个代步工具，只是资产的一部分，您却忽略了创造资产的生产者——您自己，何不趁现在为家庭购买'备胎'？"

客户："你说得有道理，那你说以我目前的状况，买哪种保险最好呢？"

心理专家分析说，客户购买产品或者服务，一方面是从中获得某种实惠或者给自己带来方便快捷，另一方面则是为了满足一定的安全或健康需要。当销售员发现客户对产品或服务比较关注时，便可以巧妙地提醒客户，如果不及时购买此类产品或服务，将会失去重要的安全健康保障。当我们用语言或行动提醒客户，如果此时不购买产品很可能会失去某些利益时，就会给客户带来很大的触动，让客户产生紧迫感，从而起到"购买从速"的效果，但是前提是你的产品得让客户满意。

案例中的保险推销员面对的客户起初并没有强烈的购买欲望，但经过他巧妙的语言引导，并从客户角度出发，做一番比较分析，首先他把健康和赌博联系起来进行说明，为客户阐释健康保险的重要性；接下来，又把保险比喻成家庭经济的"备胎"，进一步形象地述说了购买保险对于客户来说是当务之急。在这个过程中，推销员的语言形象生动，足见其优秀的表达能力，而后来的比较分析与说明则体现了推销员优秀的逻辑思考能力。正因于此，才激起了客户非买不可的迫切购买心理，这笔交易自然就成功了。

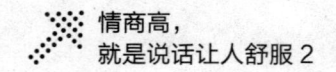

你的情商能否做到邀请顾客来免费体验

一般情况下,销售人员都会建议顾客亲身感受一下产品功能。但令人意外的是,有一些顾客却不是很愿意去体验产品,他们似乎总有所顾虑。销售人员此时不应该放弃推销,而是要通过适当的方式找出顾客不愿意体验的具体原因,打消顾客疑虑,让顾客放心体验。

销售人员:"先生,这款饮水机拥有行业内最先进的智能感应系统,当您选择自动模式后,您只需要把茶杯或水杯放在热水出口处,微型计算机就能感应到水杯的位置和杯口自动出水。不信您感受一下。"

顾客:"哦,我看看就行了,还是别试了。"

当顾客对某一款家电产品比较感兴趣的时候,都会主动提出试机的要求,但总会有一部分顾客对试机有所顾虑,比如害怕试机过程中造成样机损坏需要赔偿、试机以后一定要买、害怕不买的话会非常没有面子、不知道确切价格和市场平均价格、不知道体验什么样的机子等。

很显然,这是由于销售人员没有引导到位而导致的一种常见的顾客心理。因此,销售人员应该采取各种富有激情的邀请语言,主动请顾客亲手操作机子,感受家电产品的做工,操作各种功能键,体验一下各种功能,甚至是多体验几种不同价位的机子，这样顾客就很容易产生被尊重的感觉，同时也会引起顾客对销售人员和卖场的好感，也对产品更加感兴趣，从而使顾客购买产品的积极性大幅提升。此外，销售人员在邀请顾客试机过程中一定要自信大方，只有销售人员对自己的产品和服务充满自信，顾客才能放下心来购买产品。

销售人员可以按照如下三个模板灵活邀请顾客体验产品：

（一）

销售人员："阿姨，您不是要买一款联想手机吗？联想是目前国内的手机业巨头，其强大的售后服务众口皆碑，机子质量好，价格实惠。这款联想i909手机才588元，还带两块电池，我开机让您试试吧，保证您会喜欢！这是样机，您试了以后不买也没关系！"

（二）

销售人员："这位帅哥真有眼光，这款iPod nano播放器的外形设计非常有个性。蓝色作为主色调，高雅清新，整体风格非常适合你这样有着非凡气质的年轻小伙儿。它是目前最流行、最受欢迎的款式，再说，苹果品牌是生活品位的象征。买不买没关系，我给您开一下机，先体验一下苹果先进的设计理念吧！"

（三）

销售人员："这位大哥，您不用有所顾忌，试机又不是说非得让您买，我们店信誉一向很好，会尽最大努力为顾客提供最合适的产品。我们这些都是样机，您就放心大胆地体验就行了，再说我在您身边指导着，不会出现什么问题的。百闻不如一见嘛，只有亲自感受了，才能知道产品好不好！"

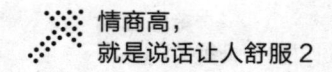

闲聊营造气氛，情商把握时机

聊客户感兴趣的话题

投其所好，找出你与客户的相似点，攻破客户的心理障碍从而打开客户心门。赢得客户的好感是销售成功的前提。

一天，高珊去拜访客户。当她把芦荟精的功能、效用告诉客户后，对方表示没有多大兴趣。当她准备向对方告辞时，突然看到客户的阳台上摆着一盆美丽的盆栽，上面种着紫色的植物。于是，高珊好奇地请教客户说："好漂亮的盆栽啊！平常似乎很少见到。"

"确实很罕见。这种植物叫嘉德里亚，属于兰花的一种，它的美，在于那种优雅的风情。"

"的确如此。一定很贵吧？"

"当然了，这盆盆栽要800元呢！"

高珊心里想："芦荟精也是800元，大概有希望成交。"于是她开始有意识地把话题转入养花上。"我也很喜欢养花，正好朋友才送了一盆君子

第 5 章
应对"客户拒绝"的话

兰，可是我听说兰花很娇贵，我没有养过兰花，正发愁不知道怎么办呢！"

这位客户此时兴致上来了，于是开始倾其所知介绍各种有关兰花的知识，等客户谈得差不多了，高珊趁机销售产品："太太，您这么喜欢兰花，一定对植物很有研究。我们的芦荟精正是从植物里提取的精华，是纯粹的绿色食品。太太，今天就当作买一盆兰花，把芦荟精买下来吧！"

结果这位太太竟爽快地答应了。她一边打开钱包，一边还说："即使是我丈夫，也不愿听我絮絮叨叨讲这么多，而你却愿意听我说，甚至能够理解我这番话，希望改天再来听我谈兰花，好吗？"

美国著名律师克拉伦斯·达罗说："一个诉讼律师的首要任务就是要让陪审团喜欢他的客户。"人们总是愿意答应自己认识和喜欢的人提出的要求。而与自己有着相似喜好、经历的人，让我们有愉悦感的人，通常会成为我们喜欢的人，因为相互之间有更多共同话题，"投其所好"说的也是这个道理。

在上面的案例中，推销员高珊那原本已成败局的销售，没想到因为一个不经意的发现竟然又促使她和客户进行了第二次交流。于是，她决定改变话题把谈话的焦点转移到兰花上，然后再找机会切入正题。高珊先从请教养护兰花的注意事项开始，慢慢打开了客户的心门，获得客户的好感并且进一步建立了友谊后，又巧妙地抓住时机成功地推销出芦荟精。

因此，在推销人员与客户打交道的过程中，掌握客户的兴趣并"投其所好"是销售员成功销售的重要突破口。因为志趣相投的人是很容易熟识并建立起融洽关系的。如果销售员能够主动去迎合客户的兴趣，谈论一些客户喜欢的事情或人物，把客户注意力吸引过来，那么当客户对你产生好感的时候，购买你的商品也就是水到渠成的事情了。

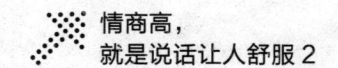

闲聊时要找准推销时机

闲聊能够打开客户的话匣子，营造良好的沟通氛围，为成交做铺垫。但如何准确把握住闲聊中的成交时机就得看销售员对客户心理的把握。在和客户沟通的过程中，推销人员要学会运用一定的语言技巧，让客户乐于和你交流。

推销员："对不起，先生……"

客户："唔？你是谁？"

推销员："我叫本·多弗……"

客户："你是干什么的？"

推销员："哦，先生，我是爱美领带公司的。"

客户："什么？"

推销员："爱美领带公司。我这里有一些领带相信你会喜欢。"

客户："也许是吧，可我并不需要。家里大概有50条了。你看，我不是本地人，至少现在还不是。公司把我调过来，我出去找房子刚回来。"

推销员："啊，让我成为第一个欢迎您到本地来的人吧！您从哪儿来？"

客户："佐治亚州阿森斯——道格斯棒球队的故乡！也是世界上最好的社交城市。"

推销员："真的？"

客户："那当然。"

推销员："听起来挺有意思。不过说到领带……"

第 5 章
应对"客户拒绝"的话

客户:"不,我觉得并非如此。"

推销员:"这个星期大减价,才12美元一条,不过我今天可以以10美元的价格卖给你。它一定很配你的上衣。"

客户:"不,我今天不买。跟你谈谈还真有意思,不过我得休息了。今天一整天我都不舒服,而且很累,也不知是怎么回事,和我以前的感觉不大一样。不管怎样,我得休息一下了。今天晚上我想放松放松,在房间里安安静静地喝啤酒。"

推销员:"这么说,您对我的领带毫无兴趣?"

客户:"没有。再见。"

在上面的案例中,推销员如果能把领带的事放在一边,先和客户聊起来,拉近与客户的距离,之后再寻找推销时机,最终也许会销售成功。

和客户谈话时,要以客户为中心。一定要把客户放在你做一切努力的核心位置上!不要以你或你的产品为谈话的中心,除非客户愿意这么做。

这是一种对客户的尊重,也是赢得客户认可的重要技巧。销售人员必须要摆正自己的位置,即明确自己扮演的角色和行动目标——满足客户的需求,为客户提供最满意的产品或服务。

如果客户善于表达,那你就不要随意打断对方,但要在客户停顿的时候给予积极回应,比如,夸对方说话生动形象、很幽默等。如果客户不善表达,那也不要只顾着你自己滔滔不绝地说话,而应该通过引导性话语或者合适的询问让客户参与到沟通的过程当中。

当销售陷入僵局，情商是如何起作用的

当你遭遇销售僵局眼看之前的努力将要功亏一篑时，你怎么做？如果放弃这笔生意就太可惜，因为之前你为了这笔生意倾注了很多心血。想要打破僵局，就需要销售人员好好分析，弄清楚客户的真实想法，引导客户走一条双赢的道路。

麦克是一名保险销售人员。为了让一位犹豫不决的客户接受一张10万美元的健康保险单，他连续工作了几个星期，这笔生意算起来前前后后拖了很长时间。最后，那位客户终于同意进行体检，但麦克从保险部得到的答案却是："拒绝，申请人体检结果不合格。"

看到这个结果，麦克并没有就此放弃，他静下心来想了一下：客户已经到这个年龄了，投保肯定不会只为自己，一定还有别的原因，也许我还有机会。于是，他以朋友的名义，去探望了那位申请人。他详细地解释了拒绝其申请的原因，并表示很抱歉。然后，话题转到了客户购买保险的目的上。

"我知道您想买保险有许多原因。"麦克说，"那些都是很好的理由，但是还有其他目的吗？"

第 5 章
应对"客户拒绝"的话

这位客户想了一下,说:"是的,我考虑到我的女儿和女婿,可现在不能了。"

"原来是这样,"麦克说,"现在还有另一种方法,我可以为您制订一个新计划(他总是说计划,而不是保险),这个计划能为您的女婿和女儿在您去世后提供收入,我相信您将认为这是一个理想的方法。"

果然,客户对此很感兴趣。

麦克分析了他的女儿和女婿的财产,不久就带着两份总计15万美元的保险单回来了。那位客户签了字,保险单即日生效。麦克得到的佣金是最初那张保险单的两倍还多。

在销售过程中,常常会因为某种原因,使销售计划无法进行下去。在这种情况下,多数销售人员会主动放弃,而优秀的销售员则会深入思考,力求从另一个途径再次找到销售的突破口。

就像案例中的麦克,他花了几个星期的时间用来说服客户购买保险,但体检的结果是客户不能投保。面对这个结果,麦克并没有陷入消极情绪,就此放弃,而是进行了深入思考。

带着思考的结果,他再次拜访了客户,正如他预料的那样,客户投保还有其他深层次的原因:为了女儿和女婿。得到这个信息后,麦克利用自己丰富的专业知识,立刻为客户制订了一个新的保险计划,并获得了客户的认可。

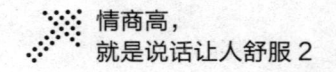

被拒绝很正常，说服客户讲技巧

让客户忘记反对

在销售的过程中，我们要保持无敌销售的信心，自始至终都积极地假设顾客会买，让这种自信气场具有一种强大的感染力，然后再用自信的言语加强这种感染力的效果。

一位客户想买昂贵的写字楼作为办公场所。销售员知道他的经济情况后，向他推荐了许多套写字楼，却从未想过自己的潜在客户会不买房子。

在介绍了许多不同类型的办公室之后，她断定该是成交的时候了。

她把潜在客户带进了一套房间。在那里，他们可以通过房间窗户俯瞰东江，她问道："你喜欢这江景吗？"

潜在客户说："是的，我很喜欢。"

然后，这位泰然自若的销售人员又把客户带到另一套房间，问他是否喜欢这套能看到天空美景的房子。

"非常好！"那客户回答。

第5章
应对"客户拒绝"的话

"那么,您比较喜欢哪一套呢?"

顾客想了想,然后说:"还是江景比较好。"

"那太好了,这当然就是您想要的房间了。"销售人员说。

那位潜在客户没有拒绝,一笔生意就这样成交了。

在推销的时候,遭到客户反对和拒绝是最常见的事情。但是,我们要极力避免这种情况的发生,要采取影响、催眠的方式,用假设引导他,让他忘记反对。故事中的销售员心里从没想过客户会不买房子,并用这股自信的力量感染和催眠着客户。直接问客户喜欢吗?而客户很少会说不喜欢。此外,销售员还用了对比的方式让客户对自己喜欢的房子类型有了更深一层的认识。所以,我们在销售中要努力把客户往想购买的方向上来引导。

不给客户说"不需要"的机会

通过挖掘客户的潜在需求,从而引导客户的需求,并把它们转化成现实的需求,这是销售人员应当掌握的技巧。

(一)

小李:"您好,请问是孙先生吗?"

客户:"是的,你是哪位?"

小李:"是这样的,孙先生,我是××公司的小李,我是通过物业处查到您的电话的。"

客户:"找我有什么事情吗?"

小李:"我公司最近生产了一种产品,可以及时地维护您家的下水道,从而避免下水道的堵塞。"

客户:"是吗?非常抱歉,我家的下水道一直都很正常,我们现在还不需要。谢谢!"

小李:"没关系,谢谢!"

(二)

小王:"您好,请问是孙先生吗?"

客户:"是我!什么事?"

小王:"孙先生您好,我是受××小区管理处之托,给您打电话的。有件事情我一定要告诉您,不知道您是否听过这件事:上个月小区内B座有几家住户的下水道严重堵塞,客厅和卧室里都渗进了很多水,给他们的生活带来了很大的不便。"

客户:"没有听说过呀!"

小王:"我也希望这不是事实,但的确发生了。很多住户都很担心自家下水道的情况,我打电话给您就是想问一下,您家的下水道是否一切正常?"

客户:"是呀,现在一切都很正常。"

小王:"那就好,不过我觉得您应该对下水道的维护问题重视起来,因为B座的那几家住户在没有发生这件事之前与您一样,感觉都很正常。"

客户:"怎样维护呢?"

小王:"是这样,最近我们公司组织了一批专业技术人员,免费为各个小区用户检查下水道的问题。检查之后,他们会告诉您是否需要维护。现在我们的技术人员都非常忙,人员安排很紧张。您看我们的技术人员什么时候过来给您检查比较合适？"

客户："今天下午三点就过来吧！谢谢你！"

很显然，第一种情况是一次失败的销售，当客户拒绝小李说自己不需要时，小李马上放弃了，可以说这是小李失败的主要原因。而小王善于抓住每一次机会，帮助客户发现他们的需求，从而让客户没有机会说"不需要"。

注意创造需求。销售员不仅要寻找目标客户，还要帮助客户认识自身需求，销售员的责任就是让客户从更大的消费空间充分认识到不为他们所知的需求。一流销售员的高明之处，往往是把一部分的精力投放在对自己的产品还没有清楚的需求认知的客户身上，先认真地播下"需求"的种子，然后小心翼翼地加以培养，剩下的便是耐心等待收获的季节了。

及时察觉顾客的消极暗示

有些时候，尽管推销员做出很多努力，但仍无法打动顾客。他们明确地用消极的信号告诉你，自己并不感兴趣。推销员与其继续游说，不如暂停言语，伺机而动。

一般来说，如果一个顾客明显做出下列表情，就说明他已经进入消极抵抗状态。

一、眼神游离

如果顾客眼睛并不直视推销员，而是不断地扫视四周的物体或者向下看，并不时地将脸转向一侧，似乎在寻找更有趣的东西，这就说明他对推销的产品并不感兴趣。如果目光呈现出呆滞的状态，则说明他已经感到厌倦至极，只是碍于礼貌不能立刻让推销员走开。

二、表现出繁忙的样子

假如顾客一见到推销员就说自己很忙，没有时间，以后有机会一定考虑相关产品；或者在听推销员解说的过程中不断地看手表，表现有急事的样子，说明他可能是在应付推销员。

实际上，他很可能并没有考虑过被推销的产品，也不想浪费时间听推销员的解说。而如果推销员没有足够的耐心引导他进行购买，交易将很难成交。

三、言语表现

如果顾客既不回应，也不提出要求，更没让推销员继续做出任何解释，而是面无表情地看着推销员，说明顾客感到自己受够了，这个聒噪的推销员可以立刻走人了。

四、身体的动作

顾客不断变换坐姿，用脚敲打地板，用手拍打桌子或腿，或者把玩手头的物件，这些都是不耐烦的表现。如果开始打呵欠，再加上眼皮下垂，四肢无力地瘫坐着，就表明他感到推销员的话题简直无聊透顶，他都要睡着了。即使硬说下去，也只会增加顾客的不满。

面对顾客的上述表现，推销员可以做出最后一次尝试，向顾客提出一些问题，鼓励他们参与到推销谈话之中，如果条件允许，可以让顾客亲自参与示范、控制和接触产品，以转变客户对产品冷漠的态度。

如果客户的态度仍不为所动，那么你可以尝试退一步的策略，请顾客为公司的产品和自己的服务提出意见并打分，然后就结果进行解释并寻找推销的机会。注意，在这一过程中，一定要保持自信、乐观和热情的态度，不应因为遭到拒绝而对客户冷言冷语使得客户对你以及产品彻底失去兴趣。

第 6 章

促成"签单成交"的话

——高情商销售员,赢在擅于抓住成交时机

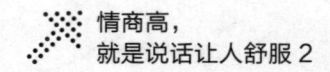

找到关键点，给顾客一个成交的理由

客户的超值心理

市场竞争越来越激烈，消费者对商品越来越挑剔苛刻，往往货比三家、千挑百拣。商家若不下足力气，很难留住消费者的心。在消费者的购买行为中，促使消费者做出购买决定的关键因素并不仅指产品本身的价值，消费者对产品价值的判定也是影响消费者是否购买的重要依据。当顾客对某一产品感觉物超所值时，就会较为容易地做出购买决定。

某软件公司销售人员向北京一家贸易公司财务部部长推销一款财务软件。这款软件定价为3600元，部长觉得价格有点高，一直为是否购买而犹豫不决。

看到这种情况，销售人员决定为这位部长算一笔账。他问部长："部长，对账费时间吗？不知道您这边是经常需要对账呢，还是偶尔才需要对一次账呢？"

部长表示，由于这家贸易公司是大型卖场和厂商的中间商，需要在财

第6章 促成"签单成交"的话

务上每天和卖场及厂商进行核账。一天起码有三个小时的时间是用在核账上面。部长对此很苦恼。

于是销售人员就趁机说:"我们这款软件的授权使用时间是10年,也就是大约3600天,平均下来每天的成本才一元钱。而这一元钱对公司来说,可以忽略不计,而对您的意义可就大为不同。它等于让您每天空出三个小时的时间。您觉得值不值?"

部长肯定觉得值,等到销售人员刚把话说完,他就立即决定购买一套。

让顾客感觉物超所值,牵涉到一个重要概念:顾客价值。顾客价值是以消费者的感官为出发点的概念,它是指顾客从购买的产品或服务中所获得的全部感知利益与为获得该产品或服务所付出的全部感知成本之间的对比。如果感知利益等于感知成本,则是"物有所值";如果感知利益高于感知成本,则是"物超所值";感知利益低于感知成本,则是"物所不值"。

从销售技巧上来看,销售人员最后使客户欣然接受了这款软件的价格,是因为巧妙运用了"除法原则"。销售人员将3600元的财务软件,分解为每天的成本才一元钱,使客户在心理上觉得价格足够便宜。但从消费者心理学上来看,销售人员的销售技巧使部长产生了一种物超所值的感觉。花一元钱就能换来三个小时的空闲时间,天底下哪儿还有这么超值的事?

销售行业中流传这样一句话:顾客要的不是便宜,要的是感到占了便宜。人们都喜欢占便宜,当顾客觉得占了便宜,就会爽快地掏钱包。要在顾客价值上多做文章,通过抓住让消费者"心动"的关键点,使消费者在心理上产生物超所值的愉悦感和满足感,从而使销售员成功签单。

"得不到的东西才是最好的"

心理学有一个观点:"得不到的东西才是最好的。"所以当客户在最后关头还是犹豫不决时,销售员可以运用最后期限成交法,让客户知道如果他不尽快做决定的话,可能会失去这次机会。

广告公司业务员小刘与客户马经理已经联系过多次,马经理顾虑重重,始终做不了决定。小刘做了一番准备后,又打电话给马经理。

小刘:"喂,马经理您好,我是××公司的小刘。"

马经理:"噢!是小刘啊。你上次说的事,我们还没考虑好。"

小刘:"马经理,您看还有什么问题?"

马经理:"最近两天,又有一家广告公司给我们发来了一份传真,他们的广告牌位置十分好,交通十分便利,我想宣传效果会更好一些。另外,价钱也比较合适,我们正在考虑。"

小刘:"马经理,您的产品的市场范围我们是做过一番调查的,而且从您的产品的性质来讲,我们的广告牌所处的地段对宣传您的产品是最适合不过的了。您所看中的我们公司的广告牌,今天又有几家客户来看过,他们也有合作的意向,如果您不能尽快做出决定的话,我们就不再等下去了。"

马经理:"你说的也有一定的道理。这样吧,你改天过来,咱们谈谈具体的合作事项。"

据统计，很多销售谈判，尤其是较复杂的销售谈判，都是在谈判期限即将截止前才达成协议的。不过，未设定期限的谈判也为数不少。

当交易的期限临近，双方的不安与焦虑感便会日益扩大，而这种不安与焦虑，在交易即将终止的那一天、那一时刻，将会达到顶峰——这也正是运用技巧的最佳时机。

在使用这种方法的时候，销售人员要做到下面几点：

1.告诉客户优惠期限是多久。

2.告诉客户为什么优惠。

3.分析优惠期内购买带来的好处。

4.分析非优惠期购买带来的损失。

消除客户疑虑

在商务沟通中，消除客户的疑虑是非常重要的，当客户对你的询问表示要考虑时，你必须用你的真诚消除客户的疑虑，只有当客户对你的产品或服务完全相信，没有任何疑虑时，你的沟通才算是成功的，最终才能达到成交的目的。

在听取产品介绍或销售沟通过程中，大多数客户总会对产品心存疑虑。他们担心的问题可能是客观存在的，也可能只是心理作用。销售人员应该及时发现客户的疑问，并积极主动采取行动打消客户的疑虑。

王鹏是从事煤气炉推销工作的，一次一位顾客有了购买的意向，但在最后时刻却变卦了。顾客说:"你卖的煤气炉太贵了。"

王鹏不慌不忙地说:"也许是贵了一点儿。我想您的意思是说,这炉子点火不方便,火力不够大,煤气浪费多,恐怕用不长,是不是?"

顾客接着说:"点火还算方便,但我看煤气会消耗很多。"

王鹏进一步解释说:"其实谁用煤气炉都希望省气,我能理解您的担心。但是,这种煤气炉在设计上已充分考虑到顾客的要求。您看,这个开关能随意调节煤气流量,可大可小;这个喷嘴构造特殊,使火苗大小平均;特别是喷嘴周围还装了一个燃料节省器,以防热量外泄和被风吹灭。所以,这种炉子比起您家现在所用的旧式煤气炉来,要节约不少煤气。"

顾客觉得王鹏说得有道理,低头不语。王鹏看出顾客心动了,马上接着问:"您看还有没有其他的顾虑?"

顾客的疑虑完全打消了,再也说不出拒绝购买的理由了,随即说道:"看来这种煤气炉真的很好,那我就要一个吧!"

心理学研究发现,人们因为缺乏安全感,总是对未知的人、事、物产生自然的疑虑和不安。在销售的过程中这种情况尤为明显,因此也可以说,销售行为正是帮助客户消除疑虑而后恢复购买信心的过程。在决定是否购买的时候,买方信心动摇、产生后悔心理是常见的现象。这时候顾客对自己的看法及判断失去信心,销售员必须及时以行动、态度和语言帮助顾客消除疑虑,加强顾客购买产品的信心。

销售员要善于巧妙化解顾客的顾虑,使顾客放心地买到自己想要的商品。只要能把握顾客的思考脉络,层层递进,把理说透,就能够消除顾客的顾虑,使销售成功进行。

刺激感性消费

在销售过程中，当理性分析、逻辑判断等该完成的工作都完成了，但客户还是犹豫不决时，我们需要做的就是与客户的感性层面打交道，激发客户的感性思维，使客户感性的一面发挥更大作用，这样客户购买的可能性就会大大提高。

李宁进入一家宝马汽车的销售现场，销售员面带恬淡的微笑，充满诱惑地对他进行推销："帅哥这身气派跟宝马的气质真是浑然天成，不如先试驾一下，亲身感受一下驾驶的快感吧！来，坐好。您想象一下，在这个初秋的傍晚，您开着这辆车，驰骋在蔚蓝海岸的大道上，海风亲昵地轻抚着您的面庞，柔和的音乐更是让您心旷神怡。我们的车里有车载冰箱，里面装满了各种美食和美酒，您可以载着您的家人和朋友，和他们一起共享这惬意的傍晚时光。这辆车就像是您家的老狗，它会忠实地陪伴着您度过每一个清晨和黄昏，见证您生命中每一个重要的时刻。如果我是您，我将会尽快邀请我的朋友进入到我的生命旅程中。刚好现在是金秋十月，天高云淡，为什么不趁现在就把这款爱车开回家呢？"

销售奢侈品的关键是能充分调动客户的购买欲望与购买热情。对于奢侈品牌的潜在客户来说，他有可能回家思考了半个月，最后还是买了这件商品。可是他们为什么不在此时此刻立即就购买呢？其中一个最重要的原因就是，客户的购买欲望没有很及时地被调动起来，没有让客户觉得有什么理由要他迫不及待立刻、马上就要拥有这个商品。

故事中的销售员通过语言向客户勾勒了一幅非常唯美浪漫的生活场景："感受"得到海风，"听"得见音乐，"吃"得到美食，而且和家人朋友欢聚的幸福"感"回荡在心间。各种愉悦的感官要素都被加入了销售员的销售活动中，销售员向消费者展示了一种难以言喻的心理愉悦感。这种愉悦感很轻易地就能打动消费者的感性软肋，捕捉到消费者的心。而消费者的心则是通往客户钱袋最快的途径。尤其是销售员的最后一句"现在正是金秋十月"，更是为客户立即下订单提供了充分的依据。

所以，销售员需要关注的是：客户在购买的过程中的情绪体验是什么？他们是否得到了足够的愉悦甚至可以称得上是幸福的感受？当回首庸碌的生活时，你所提供的购买经验是否会让他忍俊不禁？在充满铜臭味的商业交易中，客户是否有心动的感觉？是否有充分的情绪体验？这些情绪感知将决定客户是否会向别人介绍你和你的商品，他本人是否会再次回到这个购买平台上重复购买。

第6章 促成"签单成交"的话

善用"以退为进"策略,产品卖翻天

在销售中,为你的客户提供好处与帮助,然后等着客户来回报你,这固然是一种可能性,但这种方式有时候施行起来会存在一定的难度。一方面,客户的兴趣所在可能是你无法给予的,也可能是你不熟悉的;另一方面,这样的方式过于直接,对人性有着深入理解的客户很容易一眼看穿你的心思所在。尤其在销售的过程中,人们对于利益的赠予往往比较敏感。

在销售过程中,如果想要不露痕迹地使对方落入"投桃报李"的心理影响之中,适当的让步往往能够发挥出意想不到的效果。在人们的心里,除了认为有责任回报别人的给予之外,也存在着给予相同谅解和退让的心理效应。这就是俗话中常说的"人敬我一尺,我敬人一丈"。

作为销售员,做出适当的妥协与让步,并不会使你在销售过程中丧失主动权,相反,甚至有可能会产生以退为进的效果。你所做出的主动让步,有时会让对方倾向于做出同样的妥协。因为在这种情况下,人们容易忘记了商业规范而用社会规范来处理共同面对的问题。

我曾亲历过这样一次销售过程。

两年前,我和一个同学相约一同去看望中学时代的老师。在拜访老师之前，我们约在一家工艺品商店见面，准备挑选礼物送给老师。

进了店，老板热情地过来招呼，问我们打算买什么，做什么用途。为了选到合适的礼物，我们把此行的目的和老板大致沟通了一下。

在店里转悠了一会儿之后，同学看中了一件形态喜人的紫砂弥勒佛摆件。虽然那个摆件只是工业产品，并非价格很高的那种，但看起来很精致。对同学的这个选择，我也表示赞同。

于是我们向热情的老板询问了价格。老板把商品掉转过来，指着贴在底座上的价签说："这件要600元。"

我们询问老板是否能优惠一些，老板很干脆地说："我这店里销售的东西都是明码标价的，而且都是报实价，利润都不高，不能再优惠了。开一家店要很多成本支出……"

正当我和同学犹豫要不要再去其他店里看看之际，老板咬了咬牙，很真诚地对我们说："难得你们这么些年了还能去看望中学时候的老师，就冲这个，这件东西就当我进货带的，我不赚你们钱了，算你们八折好了。"

后面的情节很简单，我们欣欣然地买下了这件"宝贝"，还不忘称赞一下老板的人品，说他心肠好，完全不是奸商。

直到过了一段日子之后，我在另外一家商场看到了同样的东西，标价只有360元。我这才恍然大悟：这位老板真是太"有才"了，要买物件送师长的，他就以尊师重道为由卖货；要送父母的，想必他就以至善至孝为由卖货，我相信他一定不缺乏以退为进的借口。

事实上，工艺品商店的老板只是巧妙地运用了心理暗示，一方面他的让步有理有据，让人觉得很真诚，使人不好意思在他让步的基础上再砍价；另一方面，在让步过程中，他把顾客抬到了一个高高的位置上——挂在了讲情义有良心的十字架上，至此，人们就很难再下来了。

在现实的销售过程中，并不是所有让步都会取得良好的效果，让步是一项十分讲求技巧的事情。

首先，在销售过程中，你所做出的让步必须影响你的客户产生类似的倾向，或引发客户对你所做让步的同情感。否则，你的让步就无法达成预期的目的，让人觉得这只是例行公事而已。

其次，在关键问题上决不能让步，有些涉及核心利益的条件是不能拿来作为商业谈判的交换筹码的，否则会导致满盘皆输。事实也数次验证，商业谈判中在关键问题上先选择放弃的一方，往往会失去对整个谈判的把控权。这和战争中抢占制高点是一样的道理。

再次，在商业场合中的让步最好一步步实施，有些人经常以性格直爽为由来解释自己一次性亮出底牌的做法。殊不知，这样的方式在生意场上往往会使自己陷于很被动的境地。如果你是卖方，一次性让步太多，买家会怀疑你包藏了更多的不利信息；如果你是买方，一次性让步太多，卖家会坚持之前已经提出的条件。

最后，你的让步需要"师出有名"，完全没有理由的让步，会使你的客户或者谈判的对手觉得莫名其妙，甚至怀疑你之前开出的条件是否合理，没有任何理由的让步看起来更像演戏。

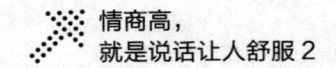

碗里的订单又飞了？想成交你得小心这三点

报价的原则

在推销过程中，报价是谈判的一项重要工作。报价得当与否，对报价方的利益和以后的谈判有很大影响。而有的销售人员恰恰是在这个环节中出现了问题，他们总是含糊报价，以为这样就可以搪塞过去，但是问题也就出现在这里，客户可能因为你不够诚实而取消合作。

马克经过几次电话拜访之后，终于与路易斯先生就购买网络服务器形成了初步合作意向。这天，他又给路易斯打电话。

马克："路易斯先生，你好，我是马克。"

路易斯："马克，你这电话来得正是时候，刚才财务部来人，要我把准备购买的新设备的报价单给他们送过去，他们好考虑一下这笔支出是否合算。"

马克："这个嘛，你别着急，价格上不会太高的，肯定在你们的预算支出之内。"

路易斯："马克，财务部的人可是只认数字的，你总应该给我一个准确的数字吧,或者该把报价单传一份给我吧。"

马克:"哦,放心好了,路易斯先生,顶多几十万,不会太多的。对您这么大的公司来说,这点钱实在不算什么。"

路易斯:"马克,几十万是什么意思?这也太贵了吧。你怎么连自己产品的价格都如此含糊不清呢?看来,我得仔细考虑一下是否购买你们的网络服务器了。"

报价是谈判的一项重要工作,绝不能含糊、搪塞,否则客户可能因为你不够诚实而取消合作。那么怎样做才能避免出现此类问题呢?销售人员要遵守以下几个原则。

一、科学定价原则

制定一个合理的价格是处理好报价问题的基础与前提。推销人员必须和公司商量,制定出合理的价格,而不可擅自做主,向客户不负责任地报价。

二、坚信价格原则

推销员必须对自己产品的价格有信心。推销员定价前应慎重考虑,一旦在充分考虑的基础上确定价格后,就应对所制定的价格充满信心,要坚信这个价格是双方都会满意的价格。

三、先价值后价格的原则

在推销谈判过程中应先讲产品的价值与使用价值,不要先讲价格,不到最后时刻不谈价格。推销员应记住,越迟提出价格问题对推销员就越有利。客户对产品的使用价值越了解,就会对价格问题越不重视。即使是主动上门取货与询问的客户,亦不可马上征询他们对价格的看法。

四、坚持相对价格的原则

推销员应通过与客户共同比较与计算,使客户相信产品的价格相对于产品的价值是合理的。相对价格可以从以下几方面证明：相对于购买产品后获得的各种利益、好处及需求的满足，推销产品的价格是合理的；相对于产品所需原料的难以获取，相对于产品的加工复杂程度而言，产品的报价是低的……虽然从绝对价值看，价格好像是高了点，但是每个受益单位所付出的费用相对少了，或者是相对于每个单位产品，价格是低的。

敢于主动提出成交请求

美国施乐公司前董事长彼得·麦克说："推销员失败的主要原因是不要签单，不向顾客提出成交要求，就好像瞄准了目标却没有扣动扳机一样。"在销售过程中，很多销售人员都会认为大胆尝试成交会使客户当场拒绝，甚至会使顾客误以为受到强迫而恼羞成怒。所以他们都存在一种对主动提出成交的恐惧心理，不愿冒险成交，结果呢，本来顾客就要采取购买行动了，他却又回到劝说的起点上。这就是所说的本来可以用钩了，却又放出链来，画蛇添足！

"喂，您好，王总吧。您好，我是商报的小刘呀。前天给您传的材料您看过了吧？"

"材料……商报的材料，对吧？哦，在这儿，我看了一下，你说。"

"关于这个会议，材料上已经说得很清楚了，我们主要是希望您到北京来参加这个会议，和我们的各地方领导、企业领导，共同探讨21世纪我国的经济走向……"

第6章
促成"签单成交"的话

"这个问题我们已经开会研究了一下，噢，对了……这个会是在什么时间？"

"4月下旬，我们这次会议主要是围绕着西部大开发展开。国家现在正号召这方面的工作，你们公司正好在西部，是这次号召的受益者，需要外面技术和资金的引进，也需要南方发达地区、单位的支持，这次到北京开会就是一个很好的机会嘛。您说是吧？"

"嗯，对对对，是个机会。"

"这个会议我们安排了一些部委里面的领导同志来做报告，对我们的工作是很有指导意义的。在会议期间，有关吃住问题，我们按'两会'标准安排。我们还安排了一系列活动。这次会议，我们将把活动内容登在商报上，同时，还会刊登您的一些事迹，这也是一种交流嘛。"

"嗯，这个问题，我们再开会研究吧，这不是一个人说了就算的事儿。不能搞一言堂嘛，这个，我们再研究吧，小刘同志，就这样吧。"

"哎，王总你先把资料和照片寄过来，这边时间已经很紧了。现在已经4月初了。"

"啊，那就把机会留给别的同志吧，我们以后再联系吧。再见。"

"那，再联系吧王总。"

从上面的例子看，业务员之所以失败，是因为在最后关头存在着一种成交恐惧心理，是因为想听顾客主动说："好，我买了。"顾客不说这句话，他就竭尽所能地继续进行说服。但是人的天性是不愿表现出屈服于人的，所以即使顾客动了心，他有时也不会直接说出来。因此当王总说出"对，对，对，是个机会"这句话时，小刘就应该大胆拍板成交，而不是节外生枝，又回到起点上再来一番劝。这样反而妨碍成交了。

一些业务员害怕提出成交要求后遭到顾客的拒绝。这种因担心失败而不敢提出成交要求的心理，其实是具有传染性的。业务员有信心，会使客户自己也觉得有信心，客户有了信心，自然能迅速做出购买的决定；如果业务员自己都没有信心，就会使客户产生疑虑，犹豫不决，不能果断做出决定，从而使得成交时机一拖再拖甚至无法成交。

推销员不仅要在适当的时机向客户主动提出成交的请求，还要坚持多次提出成交要求。美国一位超级推销员根据自己的经验指出，一次成交的成功率仅为10%左右，所以他总是期待着通过两次、三次、四次、五次的努力来达成交易。据调查，推销员每获得一份订单平均需要向客户提出46次成交请求。总之成交没有捷径，推销员首先要主动出击，引导成交的意向，而不要寄希望于客户主动提出成交。

越是成交时越不能大意

美国将领麦克阿瑟说："战争的目的在于赢得胜利。"推销的目的就在于赢得交易，成交是推销人员的根本目标，如果不能达成交易，整个推销活动就是失败的。特别是当客户明确表示出成交意愿时，销售员一定要谨慎应对，避免多余的话语或动作导致交易功亏一篑。

推销员："看看我们的新型车吧。"

客户："哇，真漂亮。"

推销员："才2.2万美元。"

客户:"我能买到一辆黑色的吗?"

推销员:"当然。黑的、黄的、红的和紫红的都有。"

客户:"好嘛!我今天带着现金。黑色的你有现货吗?我能不能今晚就开回家?"

推销员:"当然。那边就有一辆。下周我们还有四辆黑色的要到货。"

客户:"真的?也许我还应等一等,看了那几辆再说。"

推销员:"不必了。它们全都一样。"

客户:"可是,现在这辆车也许油漆不佳或还有什么毛病。"

推销员:"绝不可能。你看嘛,一点儿问题都没有,是吧?"

客户:"嗯,看上去挺好。"

推销员:"那我们到里边去签合同吧。"

客户:"我还没有拿定主意。我想先看看那几辆再说。"

推销员:"可是这一辆一点儿问题都没有。你亲眼看看嘛。"

客户:"是啊,不过我还得考虑考虑。我得走了。下周我再来,我肯定来。"

销售人员要记住,你的目标是成交,要小心自己的言行,多一句话可能就多出一个异议。虽然成交要等客户同意,但在最后的关键时刻,销售员的话也至关重要,它可以使客户坚定决心,促进成交,也可能使客户动摇购买的决心,放弃交易。上述案例中的销售员就犯了一个致命的错误,不该在最后时多说了一句"下周我们还有四辆黑色的要到货",这句话让客户萌生了等一等能有更多选择的念头,从而放弃马上交易,这一放弃很可能导致交易的失败。即将到手的交易眼睁睁地失去,对销售员来说,是一个很大的打击。

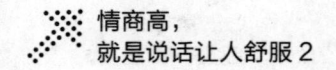

换位思考，识别成交信号

当销售人员发觉客户有购买意愿时，要尽可能地找机会约见客户，面对面地与之交流，并从中找出客户的真正需求，然后有针对性地进行下一步的沟通，这样做比电话联系更能提高成交率。

一位客户想买一辆汽车，看过产品之后，对车的性能很满意，现在所担心的就是售后服务了。于是，他再次打电话到甲车行，向推销员咨询。

准客户："你们的售后服务怎么样？"

甲推销员："您放心，我们的售后服务绝对一流。我们公司多次被评为'消费者信得过'企业，我们的售后服务体系通过了ISO9000认证，我们公司的服务宗旨是顾客至上。"

准客户："是吗？我的意思是说假如它出现质量问题等情况怎么办？"

甲推销员："我知道了，您是担心万一出了问题怎么处理，是吧？您尽管放心，我们的服务承诺是一天之内无条件退货，一周之内无条件换货，一月之内无偿保修。"

准客户："是吗？"

甲推销员："那当然，我们可是中国名牌，您放心吧。"

第6章
促成"签单成交"的话

准客户:"好吧。我知道了,我考虑考虑再说吧。谢谢你,再见。"

在甲车行没有得到满意答复,客户又打电话到对面的乙车行。

准客户:"你们的售后服务怎么样?"

乙推销员:"先生,我很理解您对售后服务的关心,毕竟买车可不是一次小的决策,那么,您现在方便吗?如果您有空我当面向您解释说明这些问题好吗?"

准客户:"是这样,我今天上午还有一个会议,中午可能有1个小时的休息时间……"

乙推销员:"这样,如果您方便告诉我您的地址的话,我可以提前去等您,这样只占用您半小时时间好吗?"

准客户:"太好了,你很热情。那就麻烦你辛苦你了。"

于是,乙推销员当面向客户详细介绍了本产品售后服务的相关事项,客户很满意,并被推销员的热情所感动,这笔交易自然就成交了。

在这个案例中,面对同一个客户,两个推销员选择了不同的沟通方式,结果也完全不同。

当客户提出顾虑"你们的售后服务怎么样"时,甲推销员没有意识到这是一个准客户,还没能识别了客户此时的心理顾虑,就直接给出了自以为是的答案,客户没有感受到应有的尊重,认为推销员回答不够严谨,因此推销失败也就不足为奇了。

乙推销员不仅马上意识到这是准客户,还提出当面沟通的请求,随后出于方便客户的目的又亲自上门服务。这是因为他意识到了面对面沟通的重要性。一方面,当面谈可以把相关事项说得更清楚更全面;另一方面,由于面谈可以相对容易地感知客户的心理需求,可以及时给予解决的方

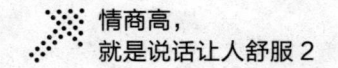

案，从而能够显著提高成交率。

面对面沟通是最有效的沟通方式，对于推销人员来说，如果有与客户面谈的机会，就尽量不要在电话里谈，尤其是在成交之前的沟通过程中。因为此时对客户的需求不是太明确，而在电话里是无法看到对方的表情，无法准确判断客户的心理变化。而面谈就有机会深入地挖掘客户需求，并针对需求提出建议，这样才更有利于成交。

第6章
促成"签单成交"的话

为客户着想，实现附加销售

你找到了你的潜在客户，可是光有潜在客户是不够的，在他们变成真正客户之前，是没有任何价值的。

有一位公司经理曾讲述他的一次不同寻常的存款经历：

"有一次，我们想把一笔钱存入一家外国银行的定期账户，以获得稳定的利息收入并防止币值波动。一名职员让我们填了一些表格，并就我们的业务和财务规划问了几个问题。他很高兴地照我们的话去做，同时问我们是否同意他提出一些他认为对我们更合适的建议。随后，他看了我们的财务报表，又问了一些问题。他告诉我们，以我们的担保资产和财务状况，我们应该可以从银行获得更多的帮助。他建议重新组合我们的财务方案，并邀请我们与他的老板共进午餐。午餐时，他的老板和另一位外国货币专家告诉了我们更多预防金融风险的策略，以及如何将其与我们的业务联系起来。这次午餐让我们受到了很大的启发。我们又回请他们打高尔夫球，不久我们便和他们签约，把所有的业务都转到这家外国银行来了。"

所谓"1度理论"说的是："一壶水烧到99度，由于种种因素，就是烧不开，大家都着急。我们想办法把这1度加上去，这壶水就沸腾了，烧开了。"在上述案例中，外国银行之所以赢得了更大的业务订单，是因为他们愿意多花一些精力更加深入地了解客户的需要，而不是简单地按客户说的去做。这就是那关键的"1度"。他们已经超越了那种只是提供简单客户服务的服务模式。这家外国银行渴求商机，并很注重发展一种健康的、卓有成效的客户关系。一旦他们看到了这个机会，便很快地组织专家开展工作。

销售员必须开始认真而持续地关注你当前客户的情况以及他们新的期望和要求。你需要在分析了客户在过去与你或者你的竞争者合作时的消费模式之后，制定出你的行动计划。简而言之，你要把你的客户当作一个新的潜在客户来认真调查、尽力研究。他们值得你提供最好的服务，做出最密切的关注。你的竞争者和新对手也始终在争取你的客户，特别是那些利润大、有吸引力的客户。我们不能掉以轻心，我们要做的不只是维持客户关系，而应该通过不断增加和提高所提供服务的种类和质量，来适应他们不断增长的期望。

你不要想当然地认为这个客户就是你的。多获取一些信息，主动要求并努力争取，直到获得你想要的业务。不要有丝毫放松，否则竞争对手将会轻松地占领你的地盘，而你将失去自己的重要客户。

你要想办法将非长期客户变成长期客户，将小客户变成大客户，让客户变成自己的宣传者。要不断研究他们持续增长的需求，以及他们除你之外还从谁那里购买。要了解你在他们所有的合作伙伴中占多大的份额，你是否是他们的第一选择。如果不是，则要继续努力。分析一下客户对你和其他销售商的满意程度，你处在什么位置上。如果在最底层，就要加倍努力来满足客户的需求。

借暗示的力量促成交

用暗示催眠客户

暗示是一种委婉却能直击心灵的说服技巧。将暗示引入销售的过程中，会让销售取得更好的效果。

在空调刚兴起的时候，其售价相当昂贵，因此乏人问津。要是出去销售空调，那更是难上加难。彼得想销售一套可供30层办公大楼用的中央空调设备，他进行了很多努力，与一家公司的董事会周旋了很长时间，仍然没有结果。一天，该公司董事会通知彼得，要他到董事会上向全体董事介绍这套空调系统的详细情况，最终由董事会讨论和决定。在此之前，彼得已向他们介绍过多次。这天，在董事会上，他把以前讲过很多次的话又重复了一遍。但在场的董事仍提出了一连串问题刁难他，这让他有些惊慌失措。

面对这种情形，彼得心急如焚，眼看着几个月来的辛苦和努力将要付诸东流，他变得焦虑起来。

在董事们进行讨论的时候,他环视了一下房间,突然眼睛一亮,心生一计。在随后的董事提问阶段,他没有直接回答董事的问题,而是很自然地换了一个话题,说:"今天天气很热,请允许我脱掉外衣,好吗?"说着掏出手帕,认真地擦着脑门上的汗珠,这个动作马上引起了在场的全体董事的条件反射,他们很多人顿时觉得闷热难熬,纷纷脱下外衣,还不停地用手帕擦脸,有的抱怨说:"怎么搞的?天气这么热,这房子还不安空调,闷死人啦!"这时,彼得心里暗暗高兴,觉得时机已到,接着说:

"各位董事,我想贵公司是不想看到来公司洽谈业务的客人热成像我这个样子的,是吗?如果贵公司安装了空调,它可以为来贵公司洽谈业务的客人带来一个舒适愉快的感觉,这样一定可以接手更多的业务。而假如贵公司所有的员工都因为没有空调而感觉天气闷热,穿着不整齐,这可能会影响贵公司的形象,使客人对贵公司产生不好的感觉,您说这样合适吗?"

听完彼得的这番话,董事们连连点头,董事长也觉得有道理,最后,这笔大生意终于成交了。

故事中,空调推销员彼得为拿下一座30层办公大楼的中央空调设备的项目进行了很多努力,可依然没有结果。

焦急让彼得倍感燥热,当他环视房间时,突然来了灵感:"今天天气很热,请允许我脱掉外衣,好吗?"这句话转移了话题,他的暗示让客户的右脑感知到天气确实很热,使客户的思维从刚才的理性逐渐转移到右脑的感性。达到这个目的后,接下来彼得一番有理有据的分析让客户觉得确实如此,于是在右脑的作用下做出了购买的决策。在这个案例中,对成功销售起关键作用的显然是彼得及时抓住了所处环境的特点,利用了心理暗示的作用，让客户觉得确实如此，从而化被动为主动，达到了销售的目的。我们在销售中也要学习采用暗示的方式将客户催眠。

进入回忆

当人们开始回忆往事时，很容易进入一种感性状态，这时他们感情比较冲动，也容易被影响。成功的销售人员、政治家与宗教领袖都擅长引导人们回忆往事，同时把自己的一些想法糅合到这些回忆中。

推销员："还记得你第一次买自行车的情景吗？"

顾客："当然啦！那是我8岁时爷爷给我的春节礼物，那是一辆红色的自行车，我骑着它转了好几个小时。那天晚上我是那样激动，怎么也睡不着。"

推销员："太棒了，那确实令人激动。我想如果你有这个新的滑雪板，你会有同样的感受。它可以带着你找回以往的快乐。"

让顾客回忆"以前的好时光"，再把这种感觉与你的产品联系在一起，是促使他购买你的产品的好方法。进入愉快心境的人，心情更开放，更愿意消费，也更乐意通过小小的放纵来满足自己。

这种暗示方式是把积极的形象与你的产品联结在一起的一个好方法。有时，我们也可以运用负面的形象来推动他人购买。比如说你想推销"家庭保安系统"时，你可以提醒顾客过去那种不用担心有贼的放心的感觉：

"还记得以前吗？你可以整天不关门，钥匙就放在门前垫子下，大热天开着门睡觉也没什么可怕的。"

当他回忆这段美好时刻的那份安全感时，你可以让他知道现在要怎么做才能重新拥有那种感觉，也就是把你的产品与这份安全感联结起来。

假设成交

向客户描绘成交后的诱人画面，让他能从景象中看到买了你的产品后，为他带来的许多好处和利益，从而促进成交，这种方式被称作假设成交。

销售员："李先生，你平时参加过什么培训吗？"

客户："参加过一个'生涯规划'的培训。"

销售员："我们提供的培训可以帮助你规划未来30年的发展，你可以像看电脑的发展趋势一样看到你的收入、健康、人际关系等的发展趋势。假如你可以通过这个课程完全掌控自己的整个人生过程和细节，通过对这个课程的进一步认识和了解，帮助你实现重大的成长和跨越，那么你有没有兴趣了解一下？"

客户："想。"

销售员："李先生，想象一下，假如今天你参加了这样一个课程，它可以帮助你建立更好的人际关系，帮助你更加清晰地明确一年的目标、五年的目标、十年的目标以及你今后要做的事情，帮助你的家庭和你的孩子变得更加舒适和安康,你觉得这样好不好?"

客户:"非常好!"

销售员:"所以,如果说你还没有尝试,你愿不愿花一点时间尝试一下呢?"

客户:"愿意。"

销售员:"如果当你尝试的时候,你发现它确实有用的话,你会不会坚持使用它呢?如果你坚持的话,会不会因为你的坚持而一天比一天更好呢?因为每天进步一点点是进步最快的方法,你说是不是?"

客户:"是的。"

销售员:"所以,假如今天你来参加这三天的课程,有可能对你和你的家人都有帮助,是吧?"

客户:"是的。这样吧,你把申请表格给我传真过来,我填一下。"

上述故事中,销售人员正是用了一套假设成交的沟通方法。

在通话时,如果是以下情况:

"××先生,我是××。"

"您好。"

"××先生您好,好久没有听到您的声音了,之前开课的时候,你每次都坐在我的对面,我看您很有精神,全神贯注听课。"

"最近过得怎么样?有没有烦心的事情?"

"没有。"

"想想看,是不是有一两件事令你烦恼呢?想不想抛掉这些烦恼?"

"有什么好办法吗?"

"假如想……"

于是销售人员就跟客户讲怎么追求快乐，怎么逃离痛苦，他的注意力已经被吸引，最后就会认同销售人员所构想的情况，而促成交易。这就是假设成交真正的用处。

高情商，卖构想也赚大钱

在销售那些短期内看不出优势的产品时，销售员可以向客户卖自己的"构想"，通过对未来进行描绘，让客户感知未来的情形，从而达到销售的目的。

销售员："本公司生产的这批新产品，虽然还称不上是一流的产品，但是，我仍然拜托汪老板，以一流产品的价格来向本公司购买。"

客户："你没有说错吧？谁愿意以一流产品的价格来买二流的产品呢？"

销售员："您知道，目前灯泡制造行业中可以称得上第一流的，全国只有一家。因此，他们算是垄断了整个市场，即便是任意抬高价格，大家仍然要去购买。如果有同样优良的产品，但价格便宜一些的话，对您及其他代理商来说，不是一种更好的选择吗？"

（停顿一下）

"现在，灯泡制造业中就好比只有一个人，如果这个时候出现一位对手的话，就有了互相竞争的情况。换句话说，把优良的新产品以低廉的价格提供给各位，大家一定能得到更多的利润。"

客户："您说得不错，可是，目前并没有另外一个人呀！"

销售员：“我想，您及其他代理商应该都了解我们公司的技术能力，我们是有希望充当这'另外一个人'的。但为什么目前本公司只能制造二流的灯泡呢？这是因为本公司资金不足，所以无法在技术上继续有所突破。如果汪老板你们这些代理商肯帮忙，以一流的产品价格来购买本公司的产品的话，我们就可以筹集到一笔很可观的资金，把这笔资金用于技术更新或改造。相信不久的将来，本公司一定可以制造出优良的产品。这样一来，灯泡制造业等于出现了两个人，在彼此的竞争之下，毫无疑问，产品质量必然会提高，而价格却会降低。到了那个时候，本公司一定好好地谢谢各位代理商。此刻，我只希望你们能够帮助本公司。但愿你们能不断地支持、帮助本公司渡过难关。因此，我拜托各位能以一流产品的价格来购买本公司的产品。"

客户：“以前也有一些人来过这儿，不过从来没有人说过这些话。作为代理商，我们很了解你们目前的处境，所以，我决定以一流产品的价格来买你们的产品，希望你们公司能赶快成为那另一个人。"

在这个故事中，我们可以看出，该销售人员就是通过向客户虚拟一个未来事件才取得销售胜利的。

在销售刚开始时，销售人员一句"拜托汪老板以一流产品的价格来向本公司购买"，这句话勾起了客户的好奇心，这正是销售人员的目的所在。接下来，销售人员就从理性和感性两方面进攻，一步步推进自己的计划。

当销售人员有理有据地分析和设想了当灯泡市场上出现"两个人"而最终受益的将是各代理商后，彻底说服了汪老板，因此得到了订单。

在这里，我们不得不佩服这位销售人员的智慧。其实，只要掌握了向客户卖"构想"的精髓，每个人都可以成为像这位销售人员一样的销售高手。

第7章

打造"长久合作关系"的话

——把"买卖"变为"合作",就是所谓的情商销售

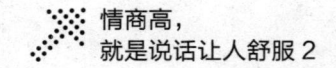

玩不转情商，就解决不了投诉

先解决技术问题还是情绪问题

　　应对顾客的投诉，工作人员首先要做的是关注顾客的情感，而不仅仅是关注事实。要注意讲话的方式，了解清楚情况后，向顾客做出解释，并提出解决办法。必要时，应做出适当的让步。

　　顾客："是××公司吧？我姓李，我有些问题需要你们处理一下！"
　　接线员A："你好，李先生，我可以帮您什么？"
　　顾客："我使用你们的笔记本电脑已经快一年了，最近我发现显示器的边框裂开了。因为我知道你们的电脑保修期是3年，所以想看看你们如何解决。"
　　接线员A："您碰过它吗？"
　　顾客："我的电脑根本没摔过，也没有碰过，是它自动裂开的。"
　　接线员A："那不可能，我们的电脑都是经过检测的。"
　　顾客："但它确实是自动裂开的，你们怎么能这样对我？"

第7章 打造"长久合作关系"的话

接线员A:"那很对不起,显示器是不在我们3年保修范围之内的,这一点在协议书上写得很清楚了。"

顾客:"那我的电脑就白裂开了?"

接线员A:"很抱歉,我不能帮您。请问还有什么问题吗?"

顾客:"我要投诉你们!"

于是顾客又拨通了另一位接线员B的电话。

顾客:"我姓李,是你们的一位顾客,我要投诉!我要投诉!"

接线员B:"您好,请问发生了什么事,让您这么着急?"

顾客:"是这样,我的笔记本电脑使用快一年了,在没碰没撞的情况下,显示屏的边框裂了。我刚才打过电话,你们的一个同事说没有办法保修,而且态度不好,你们怎么可以这样对待你们的顾客?"

接线员B:"哎呀,李先生,显示屏的边框裂了?!裂到什么程度了,现在能不能用?"

顾客:"裂得倒不是很大,用还是可以用,只是我得用胶布粘它,以防裂得更大。"

接线员B:"那还好。不过,这对您来讲确实是件不好的事,我能理解您现在的心情,换成我,我也会不好受。"

顾客:"那你说怎么办?"

接线员B:"李先生,我知道您的电脑在没有外力碰撞的情况下,边框裂开,我真的很想帮您。只是在计算机行业中,显示器的类似问题,各个企业都不在保修范围。我想这一点您是理解的,对不对?"

顾客:"其实坦率来讲,我并不是真的想让你们保修,我只是希望你们能给我一个说法,没想到你那位同事态度那么不好。"

接线员B:"李先生,对于您刚才不愉快的遭遇,我感到十分抱歉。

只是，请您相信我们，我们是站在顾客的立场为顾客解决问题的。让我想想在目前情况下如何处理。对于边框，我倒有个建议，因为边框是塑料的，现在有一些强力胶是可以粘的，所以，您可以试试用胶水粘一下，效果要比用胶布好。"

顾客："那我回去试试。"

接线员B："那您看还有什么问题？以后有什么问题，请您随时打电话给我，我会全力为您服务的。谢谢！再见！"

很显然，接线员A冷漠无情的处理方式是一个非常失败的对待顾客的方法。与情绪不好的顾客打交道，是售后服务中的一大挑战，处理这类售后问题很重要的一点就是需要与顾客的情感打交道。当工作人员遇到情绪不佳的顾客时，首先要做的是关注顾客的情感。

在卖场的售后服务中，时常会有顾客表示不满，或有所要求，或大吵大闹甚至是投诉。对经验不足的卖场员工而言，这种状况的出现常会使其惊慌失措，不知如何应对。见到这种由于自己公司的错误，而给对方带来麻烦的事情时，即使错误和员工本身并无直接关系，也需诚心诚意地向对方道歉。

在售后服务中，为顾客提供优质的服务内容是对工作人员的职责要求之一。由于各种原因，我们不可避免地会遇到顾客的投诉，这就需要我们马上帮助顾客解决问题，这样才会增加顾客的忠诚度。如果不能妥善处理顾客的投诉，一味地与顾客争吵，最后的结果只能是失去顾客。

应对投诉，头脑要清醒，态度要温和

面对客户的投诉，销售员要用合作的态度避免争执，寻找解决之道，切不可以"针尖对麦芒"，弄得一发不可收拾。

销售员："您好，我想同您商量有关您昨天打电话说的那张矫形床的事。您认为那张床有什么问题吗？"

客户："我觉得这种床太硬。"

销售员："您觉得这床太硬吗？"

客户："是的，我并不要求它是张弹簧垫，但它实在太硬了。"

销售员："我还没弄明白。您不是原来跟我讲您的背部目前需要有东西支撑吗？"

客户："对，不过我担心床如果太硬，对我病情所造成的危害将不亚于软床。"

销售员："可是您开始不是认为这床很适合您吗？怎么过了一天就不适合了呢？"

客户："我不太喜欢，从各个方面都觉得不太适合。"

销售员："可是您的病很需要这种床配合治疗。"

客户："我有治疗医生，这个你不用操心。"

销售员："我觉得你需要我们的矫形顾问医生的指导。"

客户："我不需要，你明白吗？"

销售员："你这个人怎么……"

从上面的例子中可以看出，这位销售员在解决客户的投诉时，首先要面对的肯定是客户的病情与那张矫形床的关系，说话不慎就可能触及客户的伤疤，让他不愉快，那么即使他非常需要这件产品也不愿意对你做出让步。客户提出投诉，意味着他需要更多的信息。销售员一旦与客户发生争执、拿出各种各样的理由来压服客户时，他即使在争论中取胜，却也彻底失去了这位客户。

为了使推销有效益，你必须尽力克制情绪，要具备忍耐力，要不惜任何代价避免发生争执。不管争执的结果是输是赢，一旦发生，双方交谈的注意力就要转移，而客户由于与你发生争执而变得异常冲动，是不可能有心情与你谈生意的。争执会带来心理上的障碍，而且必然会使你无法达到自己的目的。

所以，当客户对你的产品或服务进行投诉，并提出异议时，你千万不能直截了当地反驳客户。假如你很清楚客户在电话上讲的某些话是不真实的，就应采用转折法。你可以先表示同意对方的观点，因为反驳会令对方存有戒心，然后，再以一种合作的态度来阐明你的观点。这样既不会引发争执，还能够将问题顺利解决。

积极解决投诉，为自己带来更多订单

在倾听了顾客的异议以后，要时刻站在顾客的立场上来回答问题，即支持顾客的观点，使顾客意识到销售商非常重视自己。这种倾听的方式，能有效消除对方的不满情绪，对进一步掌握问题的症结很有帮助。

第7章
打造"长久合作关系"的话

老牛经营卷烟已经十多年了,在他刚开店的那会儿,如果遇到顾客对卷烟提出异议,那么没等顾客说完他就不客气地回绝了。因为那时候他想反正自己不卖假烟,也不怕你到处乱说,更不怕你投诉。可久而久之,因为老牛一直以这种简单粗暴的方式处理问题,使得不少顾客再也不来老牛的店里买烟。

老牛知道这样下去不行,经历过以上这些教训,老牛决定改变态度,开始认真地处理顾客的异议。十几年的卷烟生意让老牛明白,只有合理地处理顾客的异议,消除顾客的疑虑,才能让他们成为常客。

有一次,一位顾客在老牛店里买了一条红梅烟,当场抽了一根说感觉味道不对,要求老牛给他换一条。但是如果老牛给他换,那么顾客就很可能会误认为老牛开始给的是假烟,因为被识破所以才被迫给他换真烟。对此,老牛很耐心地给他做解释,指着墙上的烟草零售许可证告诉他自己是A类诚信用户,并言之凿凿地说明自己的烟一定货真价实。

顾客听了之后依然半信半疑。老牛猜出了顾客的心思,恰好老牛的店离烟草专卖局也不远,于是老牛主动提出带着这条烟去鉴定真伪的建议。鉴定结果出来了,这条烟是真品。

顾客的疑虑彻底打消了。从那以后,"老牛卖的烟一定是真品烟"的消息不胫而走,这反倒帮老牛做了无形的广告。老牛庆幸自己没有像曾经一样,因为嫌麻烦而对之前那位顾客的纠缠置之不理,这才有了日后更长久的"不麻烦"……

处理顾客的异议是需要讲究方式的,不要以为自己的东西好就无需理会顾客的异议。因为,你觉得好没用,要顾客觉得好他才会认可你的商品。老牛从身正不怕影子歪的强硬,到后来的动之以情晓之以理的处理方式，为他的店面销售迎来了良好的信誉。而信誉，是店面存在的招牌，店面的名声太臭对商品的销售是非常致命的。如果顾客都不愿意来你这里买东西了，那你的这个店也就没有存活下去的根基了。

所以在面对顾客异议的时候，店主们一定要找出引起顾客不满的缘由，并进行艺术性的处理。一般情况下，引起顾客异议的原因有以下几种：

一、顾客自身的原因

1.顾客自身的偏见、成见或习惯；

2.顾客故意挑刺；

3.顾客爱出风头想借机自我表现。

二、商品本身的原因

商品本身质量出现问题，比如功能欠缺、价格不当等，或者有些商品的销售证据不够充分，顾客自然会提出种种异议。对于这类异议，我们首先应该实事求是地进行处理，在商品销售时应尽量提供更多的证据，对品质不良商品应设法改进或直接下柜不再销售等。

每段合作关系里都有一位"情商"先生

与老客户保持联系是一项长期投资

有人说销售行业经营的不仅是产品,还是一种人情。我们在销售中要重视跟客户保持联系,重视定期沟通,这样才能维护一种更长久的合作关系。推销从来不是一锤子买卖,而是要和客户建立长期关系。

亚特兰德尔是一家办公用品公司的出色销售人员,他的秘诀就是建立一个专门的客户档案,经常主动联系客户,加深相互间的感情。通常当他把办公用品卖给客户后,若客户没有主动联系他商谈后续的购买计划的话,他就试着不断地与那位客户接触。打电话给老客户时,他通常这样说:"您以前买的打印机(复印机等)情况如何?""假使您还需要什么办公用品的话,请打电话过来,我们会马上免费给您送货,并免费给您提供技术指导。"

亚特兰德尔说:"我不希望只销售给客户一种办公用品,我特别珍惜客户,而希望他以后所买的每一种办公用品都是由我销售出去的,而且我也希望他以后需要什么新的配置也是第一个便想到从我这儿买。"

于是，亚特兰德尔在卖出办公用品后，还会经常询问客户们是否还有其他的需求，亚特兰德尔在了解到他们某些新的需求时，总会告诉他们自己会给予更多的优惠和与之相应的一系列售后服务，而客户因为已经在他那里买了一种商品，并且知道这家公司售后服务做得不错，所以也乐于去他那里购买其他的办公用品，而不是重新选择另一家完全陌生的公司。

正因为如此，亚特兰德尔办公用品的生意越做越火，越做越大，全城几乎有一半以上的公司从他那儿买办公用品。人们一提起买办公用品总会说："亚特兰德尔的办公用品质量有保证，各方面的服务都不错，你要是想买什么办公用品到他那儿去保准满意，也很省心，以后有什么毛病还不像其他的办公用品公司那样电话打了一次又一次，还是没人前来。人家亚特兰德尔自己就主动找上门来问有没有什么质量上的缺陷，有没有什么需要他们的技术人员做使用指导、技术指导的，这样的商家，我们买着都觉得放心。"

长期以来，人们所认为的"推销精神"，就是指在适当的时期把适当的商品卖给适当的人。推销精神的确是由此产生，但是为了使自己成为一个能干的推销人员，就必须与客户保持联系，以确保得到满意的推销结果以及交易次数增加的机会。要想做到这一点，就需要推销员必须超越义务的界限，给客户留下最美好的购买体验。推销中的新挑战不在于你能获得多少客户，而在于你能保留和扩展多少客户。当你的竞争对手失去客户和信誉时，你就会得到更多忠诚的客户和推荐。

案例中的亚特兰德尔的成功与他随时保持与客户的联系的做法是分不开的，正因为他随时联系，不仅为客户提供了良好的售后服务，而且为自己留下了良好的口碑，为以后的继续合作打下了基础。他将维护与客户的长期关系当作一种长期的投资，绝不会卖出商品后就与客户停止联系。他本着长期合作的立场、态度，善待每一位客户，对他们经常定期回访，以求来日方长、后会有期。事实上也正是因为平常做到很好地维护了客户关系，才有了他后来生意越做越顺利的局面，从而取得更大的成功。因此，从一定程度上说，与客户联系的多少，直接决定着你业绩的高低。

美国哲学家约翰·杜威说："人类心中最深远的驱策力就是希望具有重要性。"每一个人来到世界上都有被重视、被关怀、被肯定的渴望，客户也是一样，你不断地与他联系，让他觉得他对于你很重要，他会因此焕发出巨大的热情，成为你的朋友，成为你开发客户的利器。客户关系是一种联络，而不是一种单纯的接触。当这种联系激发我们的情感，而不只是引起我们的注意时，推销员与客户之间才能产生爱。这就要求这种联系必须贯穿着精神、精力和态度。当客户自发地响应或者不自觉地被感动时，这种联系就起作用了。这表明这种联系是不同寻常而又不失和谐的。如果你和你的客户的联系就像朋友，那么即使在他不需要你的产品的时候，他也会考虑到你的感受。

机会就隐藏在关系的缝隙里

跟老客户沟通联系时，敏锐地捕捉销售机会，充分利用关系的力量，为自己寻找更多销售机会。

高瑜是一家健身俱乐部的电话营销人员，她的主要工作就是通过电话推广一种健身会员卡。该俱乐部共有15个电话营销团队，每个团队10人。在高瑜刚加入俱乐部时，她所在团队的整体业绩排在最后一名，然而在她工作三个月后，该团队的业绩上升到了第一名，她个人业绩也排在全俱乐部第一名。

　　当问到她的成功经验时，高瑜毫不掩饰地透露了她的销售秘诀：每个月的前20天寻找新客户，后10天维护老客户。

　　她举了一个维护老客户的例子。

　　高瑜："谢总，您好！我是高瑜，最近在忙什么呢？"

　　谢总："高瑜啊，你好，你好，最近出了趟差，刚回广州。"

　　高瑜："怪不得我这几天都没看到您来我们这儿锻炼身体了，出差挺辛苦的，什么时候到我们这儿放松一下？"

　　谢总："明天我就约几个朋友过去打网球。"

　　高瑜："您的朋友都有我们的会员卡了吗？"

　　谢总："哦，想起来了，他们还没有呢。"

　　高瑜："那赶紧给他们办呀！"

　　谢总："如果同时办三张，你们有没有优惠？"

　　高瑜："同时办三张没有优惠，俱乐部规定同时办五张可以打8折。"

　　谢总："我只有这三个要好的朋友，买多了也是浪费呀！"

　　高瑜："请问谢总，您平时除了运动之外，还有其他爱好吗？"

　　谢总："偶尔和几个朋友打打牌什么的。"

　　高瑜："打牌赌钱吗？"

　　谢总："我们都玩得很小，还谈不上'赌'字。"

　　高瑜："您抽烟吗？"

第 7 章
打造"长久合作关系"的话

谢总:"抽烟啊!"

高瑜:"这还不简单,省下您买烟和打牌的钱就可以多买两张卡了。以后就不要打牌了,有时间就直接到我们这儿锻炼锻炼身体,我这就给您办啦,您明天带朋友过来就可以立即拿卡了。"

谢总:"好哇,我说不过你,要不你到我公司来上班吧,怎么样?"

高瑜:"谢总,谢您抬举,不过我现在到您公司去还不是时候,等到有一天,我在这家公司把本领炼到炉火纯青时,再到您公司去才有价值呀。说好了,您明天一定要过来哦,我已经给您申请了5张年度卡,每张卡打8折,共8000元,明天直接过来拿就好了。"

谢总:"好吧。"

这是一个典型的依靠关系销售的例子。高瑜依靠以往与客户建立的合作关系拿到了新的销售订单。在案例的开始,高瑜就透露了她成功的秘诀:每个月的前20天寻找新客户,后10天维护老客户。这完全是一种由经验总结出的方法。

高瑜在与老客户谢总通话时,以闲聊的方式开始,让客户感觉推销员是在关心自己,而不是向自己推销东西。然后高瑜又以客户工作辛苦、需要放松为由,邀请客户来俱乐部健身。当客户说"明天我就约几个朋友过去打网球"时,高瑜捕捉到这个机会,趁机询问谢总的朋友有无会员卡,成功地让双方的谈话转移到自己的业务上来,体现了推销员高超的沟通水平。

在接下来的谈话中,高瑜一直在进行情感攻势,同时把客户的思维也集中在这方面,最后成功推销出5张会员卡。

由此可见,推销员要想获得好的销售业绩,既要开发新客户,还要注

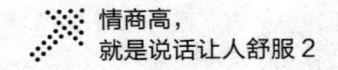

意保持与老客户的良好关系，挖掘他们的新需求。

利用企业高层的人际关系展开横向推销

许多销售员跟客户交易之后，便不再联系，即使联系态度也比较冷漠。这就导致许多客户变成"一次性"的，无法借由他们带来新的客户资源。继续发展与客户的友谊，不仅可以使客户愿意继续购买我们的产品，还可以让他们作为朋友为我们推荐新客户。

销售员："刘总，您好！上次的一批机器有没有出现什么问题？"

客户："没什么问题，很好。"

销售员："刘总，到现在我们合作已经有两个月了，我很想知道您对我们企业服务的看法，看有什么需要改进的。您对我的服务感到满意吗？"

客户："满意，挺不错。"

销售员："首先谢谢刘总对我的鼓励。另外，我希望能把我的服务带给您身边更多的人，所以，刘总，就您所知，您身边有哪些朋友我也可以帮到他们？"

客户："让我想想。你和××联系一下看看，他是我一个多年的朋友，正在经营一家公司，可能会需要相关服务。"

销售员："那太谢谢刘总了。他的联系方式是……"

客户："办公室电话是……"

销售员："刘总，我希望您能抽空亲自给他打个电话，这样，当我打

第 7 章
打造"长久合作关系"的话

电话给他时,他也不会觉得突然。"

客户:"没问题,我等会儿就打电话给他。"

销售员:"刘总,我会随时把与××总联系的情况告诉您。您以后有什么问题,请您随时打电话给我。"

客户:"好的。"

这是一个通过老客户推荐而赢得新客户的很好的例子。

许多业务员抱怨公司不能提供客户源,到底应该如何增加订单,找到更多的客源呢?在这一方面,我们绝不能忽视老客户追加购买和向其他人推荐你的产品的作用。

你一定有过这样的经历,告诉朋友哪家餐厅很有特色,哪家商场东西质优价廉,哪家服装店正在搞大型促销活动。你会主动告诉别人或是在他人需要的时候主动提出来,其实并不是因为你可以从中获取什么样的实际利益,而只是单纯地提供意见、真心地提供帮助,把自己的真实感受说出来而已。

同样,在客户开发的过程中,当你在向客户推荐产品时,如果你的准客户对你的产品尚存在戒心和怀疑时,若能让你以前的客户现身说法,尤其是与准客户比较亲近的家人、朋友或是邻居,由他们谈产品的效用时,就会取得事半功倍的效果。因此,销售员要充分利用老客户资源来开发新客户。

要想让客户推荐,必须先赢得客户的称赞。试想,如果一位客户对你的产品或服务都不满意的话,那么他对别人说起时也仅仅是一些负面消息,对你开发新客户有害无利。

值得注意的是,当你的客户向你推荐了新客户以后,无论生意成功与否，你都要对老客户表示感谢，这是最起码的礼貌。老客户相信你，才会向你推荐，你应该有个回音。如果成功了，你告诉他，他会为你高兴的；如果失败了，你告诉他，他会帮你再想办法。而且，你一定要让客户推荐给你的那个人感到满意，不要辜负推荐人对你的信任和帮助。

第7章
打造"长久合作关系"的话

对待抱怨，要有听出弦外之音的本事

在日常生活中，每个人都有各自不同的个性化消费需求，但是商家的产品和服务在生产和制定的过程中需要考虑到标准化和量产的可行性。这就在客观上存在着一组矛盾，绝大多数商家无法做到为了每个人的需求而去订制产品与服务。

在日常销售工作中，消费者找到抱怨的理由并不困难，人们总是会对购买的商品或接受的服务提出这样那样的不满，应对客户的抱怨，几乎是销售人员的家常便饭。

大多数客户对于商品和服务的抱怨，通常都不仅仅是抱怨而已，如果不能了解客户的心理，不能读懂客户抱怨中的弦外之音，那么客户在抱怨得不到响应之后，往往会选择放弃，甚至已经成交的也会提出退货或者中止合约等要求。

很显然，这一类事件是销售人员最不愿意看到的，因为这意味着之前的销售努力都将付诸东流。但是，往往事不遂人愿，无论销售人员喜欢与否，这一类的情形总是伴随着销售活动的存在而发生着。我们所能做的是尽可能减少此类事件的发生。

要有效地解决这一问题，如何回应客户的抱怨是一个关键点。

事实上，作为销售人员，一定要具备随时面对客户抱怨的心理准备。当面对客户抱怨时，第一个要点是控制好自己的情绪。在销售中，如果客户尚且只有三分怨气，销售人员就已经面带七分怒意，那么事情处理起来就比较棘手了。在面对客户的抱怨时，最忌讳的就是客户愤怒，销售人员比他还愤怒。

通常，人的潜意识中倾向于对外界所接受的信息做出相对应的回馈与举措，一旦双方陷入剑拔弩张的气氛，就可以预见，销售失败几乎已成定局。反之，耐心的倾听与善意的态度往往能使双方的交谈步入到冷静与和谐的氛围中。

控制好情绪之后，第二步要做的是思考与分析客户的抱怨究竟意味着什么。大体来说，客户的抱怨可以归结到以下五个主要的方面：

一是客户对商品的质量和性能感到不满意，认为销售人员的介绍或者先前的广告过分夸大了商品的价值，客户产生了被欺骗的感觉。对于这类型的客户抱怨，销售人员需要做的是让客户对品质放心。这时候采用以事实展示品质，或者以案例来证实品质的方式，能收到比较好的效果。因为客户可以不相信宣传与广告，但是事实胜于雄辩，已经成功的案例具备最好的说服力。

二是客户对销售人员的服务态度不满意，认为自己没有得到应有的重视与礼遇。这类客户真正在意的并不是产品或者服务本身，他们需要的是一种消费的满足感。对于这类型客户，销售人员只需要根据其透露出的性格特点，给足客户面子。一般来说，不仅销售活动能够顺利达成，而且还能得到客户的夸赞与感激。

三是客户对先前做出的选择产生了反悔的意愿，这类客户可能会无中生有地找出一些毛病来借题发挥。这种情况处理起来相对麻烦一些，因为抱怨的症结并不在于产品或者服务本身,而在于客户自己的反复。对于这类客户,销售人员需要引导其重新肯定自我的判断。因为容易摇摆反复的客户,之所以否定掉原来选择的商品,也许只是他的某个朋友的一句负面的评价,或者因为看到其他同类型的产品看起来更实惠。让这类型的客户重新喜欢上他们原来的选择并不困难,只要给他们一个合理的理由,就能再次坚定他们的购买决心。

四是极为精明的买家以抱怨作为促使卖家降价的手段,这种情况他们在抱怨的时候,往往在心里已经对商品进行了理性和综合的评估,有时甚至已经计算好了接受的底价与上限。他们的抱怨就不仅是抱怨那么简单了,他们通常把抱怨作为一个幌子,或者说抱怨只是他们对销售人员使用的一种心理战术。

这类客户的抱怨是一种心理震慑,让销售人员在生意开始之前或者完成之后产生亏欠的感觉。他们通过抱怨商品或者服务的瑕疵,希望获取进一步的优惠。这时候,他们的抱怨事实上是暗示销售人员进一步降价或提供一些额外的售后服务。这类客户经常说的一句"台词"是:"价格不是问题,问题是你的商品服务……"但凡是标榜价格不是问题的客户,往往问题就出在价格上。

最后一类客户的抱怨通常是"醉翁之意不在酒",这类客户抱怨的真正目的是借抱怨达到敲山震虎的效果,让销售人员明白他对于产品服务的了解与在意程度,让销售者在售后等环节上不敢怠慢。

这类型客户对于销售人员通常带有一定的不信任情绪,或他们对自己做出的选择是否恰当合理并无十足的把握。这时候抱怨成了他们验证的最佳策略,他们往往会从某些侧面对商品进行抱怨与批评,即让销售者引起重视,另外也刺探销售者对此的反应,以印证自己的选择判断正确与否。

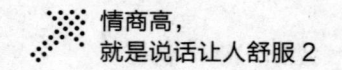

一旦发现之前的判断有偏差，瑕疵就成了退出交易的最好理由。

在现实销售工作中，销售人员可能遭遇到客户五花八门的抱怨，上述五个类型的归纳只是作为一种思考的线索，并不能完全涵盖所有情况。作为一个销售人员，只有做好时刻接受抱怨的思想准备，才能够以从容不迫的态度去应对客户提出的种种问题，真正读懂客户抱怨的意图。客户的每一次抱怨都可以作为销售人员的一次磨练机会。只有在工作中经历得更多，才能以平静的心态去应对。

最后，我们需要给读者提个醒，在读懂客户抱怨的基础上，一定要积极并且及时地做出回应，因为敷衍和拖延并不是解决问题之道。在销售工作中，对于客户的敷衍事实上就是对自身事业的敷衍。

第7章
打造"长久合作关系"的话

不会被客户讨厌的人情营销

善借人情优势

250定律其实就是连环式人情营销,这种营销方式是获得新客户的关键。当然,对于新手来说,由别人介绍来的生意不会很多,这就意味着你要花许多时间向不是由人介绍来的潜在客户进行推销。但到了一定的阶段,给你介绍生意的人会逐渐多起来。

乔·吉拉德是美国历史上最伟大的汽车推销员。在他刚刚任职不久,有一天他去殡仪馆,哀悼一位朋友谢世的母亲。他拿着殡仪馆分发的弥撒卡,突然想到了一个问题:他们怎么知道要印多少张卡片?于是,吉拉德便向做弥撒的主持人打听。主持人告诉他,他们根据每次签名簿上签字的人数得知,平均来这里祭奠一位死者的人数大约250人。

不久以后,有一位殡仪业主向吉拉德购买了一辆汽车。成交后,吉拉德问他每次来参加葬礼的平均人数是多少,业主回答说:"差不多是250人。"又有一天,吉拉德和太太去参加一位朋友家人的婚礼,婚礼是在一个礼堂举行的。当碰到礼堂的主人时，吉拉德又向他打听每次婚礼有多少客人，那人告诉他："新娘方面大概有250人，新郎方面大概也有250人。"这一连串的250人，使吉拉德悟出了这样一个道理：每一个人都有许许多多的熟人、朋友，甚至远远超过了250这一数字。事实上，250只不过是一个平均数。

这就是250定律，对于推销员来说，250定律意味着只要我们有一位准客户，就有可能从他身上开发出250个新客户。当然，如果我们得罪一位准客户，就意味着得罪了250个潜在客户。

我们寻找潜在客户的时候总是先把朋友列出来，是朋友和潜在客户有必然的关联吗？不是这样的。对于一个从事推销工作的人来说，什么是朋友呢？你以前的同事、同学、在聚会或者俱乐部认识的人都是你的朋友，换句话说，凡是你认识的人，不管他们是否认识你，这些人都是你的朋友。同样，对于客户也是一样，他在自己得到某种实惠产品或便捷服务时也会有向朋友提起的可能，这时，如果能够主动加以引导，他为你推荐的几位朋友很可能会成为你的潜在客户。

在连环式人情营销中，一定要记得主动提出推荐要求。如果你的客户很满意，那就是你请他帮你推荐买主的好时机。你应当问他，是否认识其他对该产品感兴趣的人，问他你是否可以利用这些关系。

老客户推荐

每位老客户既是一个充满商机的财源，也是一个客户源，维持与他们之间的关系,不仅能够为你带来更多商机,甚至有时不用你亲自挖掘,订单也会自动找上门来。让老客户帮你推销,让老客户帮你得到更多的生意。只要老客户喜欢你,那么你的成功便在眼前了。

　　李均是从最底层的保险经纪人岗位做起的。保险经纪人的收入特点决定了只有靠多发展客户,靠业绩的提高,才能获得收入的提高。发展客户并不是一件容易的事情,李均对客户有一个独到的定位,那就是收入稳定、文化层次较高的人群。这样的潜在客户群不仅有购买保险的能力,更有保险的意识。他通过交友网站和论坛结识这样的人群,并且凭借着个人魅力和他们成为朋友,也发展起了自己最早的一批客户群。介绍保险方案的时候,他都是根据客户的特点量身定做,为客户推荐最适合他们的保险产品。这使李均赢得了越来越多的客户,业绩不断上升,获得的业务提成也不断上升。李均很快就超越了一起入行的同事,从基层的保险经纪人提升到了业务经理的位置。

　　这时候,李均把眼光由发展个人客户转向了团体保险,争取团体保险客户,可以获得更高的回报,但是也具有更大的难度。李均从最早结识的客户群着手,他们不仅拥有较高的收入和文化水平,也拥有一定的社会地位,最难能可贵的就是他们对李均建立起的信任感。李均开始了"布网式"的拓展工作,老客户们为他提供的一些机会让他受益匪浅,他所提供的细致、认真、周到的服务也为他成功实现了客户的保有和扩大,李均的年薪也随之很快跨入了20万的行列。

　　信任感是要经过多次合作、长期交往才能建立起来的,如果销售人员能给客户一种诚恳、认真、勤勉、敬业的印象,再加上你周到贴心的服务，那么就可以建立起一种信任的情感。信任的影响力是巨大的，所以老客户是你最有效的宣传手段。如果你的老客户对你抱有好感，那么他就会介绍自己的朋友来找你。

案例中李均的成功主要在于他不但懂得如何去拓展客户，更懂得如何用老客户发展新客户。后者正是基于老客户的信任才拥有的销售技能。事实证明，由老客户推荐的交易成功率大约是60%，远远高于销售人员自己上门推销的成功率。可见，被推荐的客户对于销售人员来说是多么有价值！如果销售人员能学会如何成功地获得推荐的生意，那么就能成功地编织出一张"客户网"。

并不是每个客户都会为你介绍一个甚至几个潜在客户，因此也并不是每一个客户都值得你去花大力气维护，有些客户是无法为你推荐到新客户的，所以必须有区别地加以对待，以便自己今后能得到更多的推荐客户。这就需要你具有敏锐的洞察力，能在很短的时间里发现哪些客户是可以为你带来更多效益的客户。

一般而言，这样的客户具备以下特征：

一、有一定的社会地位，说话有一定的分量

例如一个有名望的人，他说的话总会有人效仿，他穿的衣服、用的车子也总会有人跟着买同款的，假如他再推荐就会有更多人买了。

二、拥有一个热心肠

社会上有很多古道热肠的人，他们非常乐意协助年轻人成长。如果推销员能够争取到这类人的帮助，生意会更加顺利。

做好售后，让每个人都愿意跟你做生意

这次的服务是为下次合作做准备

要想让自己的销售有"门庭若市"的效果，销售人员就必须依靠自己的真诚和责任赢得顾客的认可和信赖。

小董打算买一辆起亚公司生产的赛拉图牌车，先打电话到该车店咨询，销售人员小吴为他详细介绍赛拉图车的各种特点，并亲自开车过来让小董试驾，后来小董到店里签下了购车合同。

在交车那天，交车师傅和销售员耐心地陪着他验车，逐个检查，交车师傅也主动传授验车经验。谁知，交车的第二天就出了两起事故，小董赶紧给销售员小吴打电话。开始他还有点担心，小吴会不会敷衍自己几句了事，毕竟对小吴而言车已经卖了。小吴接到电话首先是安慰他，并马上派拖车过来处理，后来小董才知道那天是销售员小吴的休息日。

小董十分感动，说："这才叫售后服务，才是真正把客户放在第一位，解除客户后顾之忧。"后来，因为对车不是太懂，小董打了好几个电话给小吴。小吴每次都不厌其烦地向小董解释，还经常打电话给小董了解车子的使用情况。

小董用他的亲身经历总结说："买车最关键的是要买到好的售后服务，跟小吴这样的人买车让我觉得放心，任何事情他都提前帮我想好了，不用我操心。有朋友想买车的话，我都会让他去找小吴。"

销售员小吴在成交之后，仍然对客户保持着负责任的态度，赢得了客户的信赖和认可，也为他赢得更多的客户奠定了良好的基础。

销售人员要做到"心中有客户"，能为客户负责到底，从而得到客户的信赖和认可。客户一旦购买产品，和销售人员成交后，仍旧是销售人员的潜在客户，是销售人员所要挖掘的对象。因为客户认同销售人员以后，和销售人员做交易的机会会更多。销售人员应为下一次的合作做准备。

保持畅通的联络渠道

想要让客户信任你，就要在客户需要的时候及时出现，否则就别再指望客户对你乃至你所在的企业抱有什么良好印象，更别提二次合作。

戴尔电脑公司的一名销售员盖瑞，他有一个特殊的销售习惯，每次到客户家拜访时，都要做三件事：向客户介绍产品、把写有自己名字和联系方式的标签贴在机器上、向客户要三个人的联系方式。从业以来他一直保持着这个习惯。

第7章
打造"长久合作关系"的话

一天，他像往常一样，敲开了一个客户的房门。令人意外的是女主人一听完他的自我介绍就皱起了眉头，她说："我买过你们公司的电脑，可是自从我购买之后，你们的人就再也没有露面。我想找人给我看看机器的毛病都找不到人！"

盖瑞明白了，自己今天遇到的是公司同事的客户。在这种情况下，盖瑞完全可以告诉她公司的售后服务电话后就离开，把这个烫手的山芋丢掉。但是有着极强责任心的盖瑞没有这么做，他主动对女主人说："夫人，别生气，我来了。让我看看你的机器有什么问题。"说完后，就开始修理起客户的电脑来。问题不大，很快就解决了。

一般来说，这样的客户不太可能再买这个品牌的产品了。但是盖瑞还是热情地向她介绍公司的新产品，并把自己的名片贴到了客户的电脑上。

女主人很满意盖瑞的态度，竟然又买了盖瑞销售的一些小产品，还给了盖瑞自己的三个邻居和三个亲戚的电话号码。后来这六个人也成了盖瑞的老客户。这些老客户又给他带来了大量的新客户。

一旦你与客户发生业务上的关系，你就与客户是同一条船上的人了。客户的事也就是你的事。客户花钱不仅是买了你的产品，还买了你的服务。如果客户在使用你的产品的过程当中遇到了问题，情况紧急而又无法找到你，客户会做何感想呢？许多客户会抱怨：买产品容易，但买了之后再想找到人员来解决问题真是个难题！为什么不能让客户轻松找到我们？为客户省一分力量，也就多带来一分满意度，也就给自己多创造了一次销售机会。

所以，为了让自己的销售之路走得更远，永远不要让客户为了找你而焦头烂额。

主动反馈，保持联系

任何一个小小的服务都可能给你赢得声誉，带来大量的客户资源，一个售后电话不仅能够帮助客户解决问题，而且能够获得良好的口碑，带来新客户。

李文是C公司的一名汽车销售员，她的销售业绩连续五年保持全公司第一，平均每天销售5辆汽车。别人问她为什么能够创造如此骄人的业绩，她回答："我能够创造现在这种业绩纯属偶然。大概是6年前一个周末的下午，顾客特别少，我随手拿起桌子上的近期汽车销售记录本，看看一周来销售情况，看完后突然心血来潮，想打电话问问客户汽车的行驶情况，当时只是想问问客户所买的汽车好不好用，并没有其他目的。然而，第一个客户告诉我，汽车买回家装载货物时，汽车后挡玻璃除雾器的一个部件脱落，下雨天行驶时后挡玻璃除雾器便不能正常工作。我告诉客户，待会儿我就会通知公司维修部门，请他们派人上门维修。后来，我又打了十几个电话，发现又有一位客户出现同样的问题，于是我向公司汇报了此事，建议公司对近期销售的汽车来个全面调查。

公司通过调查发现，当月卖出的400部汽车中有20部出现同样的问题，公司一一上门为他们维修了。此后不久，一位客户来公司买车，指名要求我为他服务，我在接待他时，问他：'我并不认识你，你是怎么知道我的名字的？'他说：'是朋友介绍的，朋友说你的售后服务好。他的汽车买后不到一周，你就主动打电话询问汽车行驶情况，汽车后挡玻璃除雾器的

第 7 章
打造"长久合作关系"的话

一个小部件出故障,你都特意安排修理部门派人上门维修。他说找你买车放心,于是我就来找你了。'这件事对我启发很大,此后,我便将客户回访作为销售工作的一个重要组成部分,列了一个详尽的客户回访计划,定期给客户打回访电话,于是我的售后服务在客户中的口碑非常好,通过客户的介绍给我带来了大量的客户资源。"

有的销售员认为成交就意味着结束,因此很少再与客户联系。一方面是因为觉得与这个客户的合作已经结束了,再跟进已经没有多少价值;另一方面是因为销售员对自己提供的产品或服务很不自信,害怕会听到客户的不满和抱怨。其实这种一次性交易的心态是十分错误的。如果只为了与客户进行一次合作,那么开发完一个客户后,就不得不接着去开发下一个客户。

如果主动寻求反馈,热情为老客户服务使他们对你的服务感到非常满意,那么"口口相传"销售员很容易就能接到新客户,那么业绩自然也就提升了。

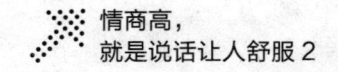

高情商销售员的八项修炼

好的口才不仅能够充分地展示一名销售人员的个人魅力，而且能够给自己的顾客带来愉悦的享受。也许有的销售员会问："我的口才天生不好，有补救方法吗？"在这里，我们明确地告诉大家，口才并不是一种天生的才能，它是靠刻苦训练得来的。古今中外口若悬河、能言善辩的演讲家、雄辩家，无一不是靠刻苦训练获得成功的。

美国前总统林肯为了练口才，徒步30英里，到法院去听律师们的辩护词，一边倾听一边模仿。他曾对着树、成行的玉米练习口才。

日本前首相田中角荣，少年时曾患有口吃，但他并没有向命运屈服。为了克服口吃，练习口才，他常常朗诵、慢读课文；为了准确发音，他一丝不苟地对着镜子纠正嘴和舌头的发音部位。

我国著名的数学家华罗庚，不仅有超群的数学才华，而且还是一位不可多得的"辩才"。他从小就注意培养自己的口才，学习普通话，他还通过背诵唐诗来锻炼自己的"口舌"。

这些名人与伟人为我们训练口才树立了榜样，我们要想练就过硬的口才，必须像他们那样一丝不苟，刻苦训练。正如华罗庚先生在总结练口才的体会时所说："勤能补拙是良训，一分辛苦一分才。"

练口才不仅要刻苦，而且要掌握一定的方法。科学的方法可以使你事半功倍，加速提升你的口才。当然，根据每个人的学识、所处环境、年龄等的不同，训练口才的方法也会有所差异，但只要选择最适合自己的方法，加上持之以恒的刻苦训练，你就会拥有好口才。

一、速读法

速读法中的"读"不是用眼去看，而是指朗读，所以顾名思义，"速读"也就是快速地朗读。这种训练方法的目的，在于锻炼人的口齿灵活性和发音。

方法：找一篇演讲词或一篇文辞优美的散文，先查出你不认识或者拿不准读音的字词，再开始朗读。刚开始朗读的时候语速要慢，然后逐次加快，最后用你能达到的最快速度朗读。

要求：在读的过程中不能有停顿，发音要准确，吐字要清晰，要尽量做到发声完整；"快"必须建立在吐字清楚、发音干净利落的基础上。

我们都听过体育节目解说员宋世雄的解说，他的解说很有"快"的功夫。宋世雄解说的"快"，是快而不乱，每个字、每个音都发得十分清楚、准确，没有含混不清的地方。我们希望达到的快就是他的那种快，吐字清晰，发音准确。

速读法练习不受时间、地点的约束，只要手头有一篇文章就可以练习。而且不受人员的限制，不需要别人的配合。当然你也可以找同学听你的速读练习，让他帮你挑出速读中出现的毛病，这样做更有利于你有目的地进行纠正、学习。你还可以用录音机把你的速读录下来，自己听一听，从中找出不足，进行改进。如果有老师指导就更好了。

二、背诵法

背诵有助于锻炼我们的口才。这里所说的背诵，不仅仅是要求你把某篇演讲词、散文背下来，而是要在"背"的同时朗诵。这种训练的目的有两个：一是培养记忆能力，二是培养口头表达能力。

记忆是练口才必不可少的一种素质。没有好的记忆力，要想培养出好口才是很难的。只有大脑中积累了足够多的知识，你才可能出口成章，滔滔不绝。如果你的大脑空空如也，即使你生就伶牙俐齿，也回天乏术、于事无补。

记忆与口才一样，不是一种天生的才能，后天的锻炼对它同样起着至关重要的作用，"背"正是对这种能力的培养。

"诵"是对表达能力的一种训练。这里的"诵"也就是我们常说的"朗诵"。它要求在准确把握文章内容的基础上进行声情并茂地诵读。

背诵法，不同于我们前面讲的速读法。速读法的着眼点在"快"上，而背诵法的着眼点在"准"上。也就是你背的演讲词或文章，内容一定要准确，不能有遗漏或错误的地方，而且在吐字、发音上一定要准确无误。其方法如下：

第一步，先选一篇自己喜欢的演讲词、散文或诗歌；第二步，对选定的材料进行分析、理解，体会作者的思想感情。这是要花点工夫的，需要我们逐字逐句地分析，推敲每一个词句，从中感受作者的思想感情，并激发自己的感情；第三步，对所选的文章进行一些艺术处理，比如找出重音、划分停顿等，这些都有利于准确地表达内容；第四步，在以上几步工作的基础上背诵。

背诵的过程，可分步进行。

第一步，进行"背"的训练，也就是先将文章背下来。在这个阶段不要求声情并茂，只要达到熟练记忆就行，并在背的过程中，进一步领会作品的格调、节奏，为准确把握作品打下更坚实的基础；第二步，在背熟文章的基础上大声朗诵。将你背熟的内容大声地背诵出来，并随时注意发声的正确与否，而且要带有一定的感情；第三步，是训练的最后一步，即用饱满的情感，清晰的语音、语调背诵。

三、练声法

练声也就是练嗓子。在生活中，我们都喜欢听那些饱满圆润、悦耳动听的声音，而不愿听干瘪无力、沙哑干涩的声音。所以锻炼出一副好嗓子，练就一腔悦耳动听的声音，是成为最受欢迎的销售员必做的一项工作。

练声的方法如下：

第一步，练气。俗话说练声先练气，气息是人体发声的动力，就像汽车上的发动机一样，是发声的基础。气不足，声音无力，若用力过猛，又会有损声带。所以我们在练声前，首先要学会用气。

吸气。吸气要深，小腹收缩，整个胸腔要撑开，尽量把更多的气吸进去。我们可以体会一下，你闻到一股香味时的吸气法。注意吸气时不要提肩。

呼气。呼气要慢慢地进行。要让气慢慢地呼出。因为我们在演讲、朗诵、论辩时，有时需要较长的气息。只有呼气慢而长，才能达到这个目的。呼气时可以把两齿基本合上，留一条小缝让气息慢慢地通过。

第二步，练声。我们知道人类语言的声源在声带上，也就是说我们的声音是通过气流振动声带而发出来的。在练发声以前先要做一些准备工作。先放松声带，用一些轻缓的气流振动它，让声带有点准备。先发一些轻慢的声音，千万不要张口就大喊大叫，那会破坏声带。这就像我们在做激烈运动之前，要做些准备活动一样，否则就容易使肌肉拉伤。

声带活动开了，我们还要在口腔上做一些准备活动。我们知道口腔是人的一个重要共鸣器，声音的洪亮、圆润与否与口腔有着直接的联系，所以不要小看口腔的作用。人体还有一个重要的共鸣器鼻腔。有人在发声时，只会在喉咙上使劲，根本就没有用上胸腔、鼻腔这两个共鸣器，所以声音单薄，音色较差。练习用鼻腔共鸣的方法是学习牛叫。但我们一定要注意，在平日说话时，不能只用鼻腔共鸣，否则说话时会鼻音太重。

我们还要特别注意，练声时，千万不要在早晨刚睡醒时就到室外练习，那样会使声带受到损害。特别是室外与室内温差较大时，不要张口就喊，那样，冷空气进入口腔后，会刺激声带。

第三步，练习吐字。吐字表面上看似乎离发声远了些，其实二者是息息相关的。只有发音准确无误、清晰、圆润，吐字才能"字正腔圆"。

每个字都是由一个音节组成的，而一个音节我们又可以把它分成字头、字腹、字尾三部分，吐字发声时一定要咬住字头。"咬字千斤重，听者自动容"说的就是这个意思。所以我们在发音时，一定要紧紧咬住字头，嘴唇一定要有力，把发音的力量放在字头上，利用字头带响字腹与字尾。

字腹的发音一定要饱满、充实，口形要正确。发出的声音应该是立着的，而不是横着的，应该是圆的，而不是扁的。字尾，主要是归音。归音一定要到家，要完整。也就是念字不要念半截，要把音发完整。当然字尾也要收住，不能把音拖得过长。

如果按照以上的练习要求去做，那么你的吐字一定清晰、准确，你的声音也会变得悦耳动听。

四、复述法

复述法就是把别人的话重复地叙述一遍。这种训练方法的目的，在于锻炼人的记忆力、反应力和语言的连贯性。其方法如下：

选一段长短合适、有一定情节的文章，最好是小说或演讲词中叙述性强的一段，然后请朗诵较好的同学进行朗读，最好能用录音机把它录下来，然后听一遍复述一遍，反复多次地进行，直到能完全把这个作品复述出来。复述的时候，你可把第一次复述的内容录下来，然后对比原文，看你能复述下多少，重复进行，然后计算一下，看看自己多少遍之后才能把全部的内容复述下来。这种练习绝不单单在于背诵，而在于锻炼语言的连贯性。如果能面对众人复述就更好了，它还可以锻炼你的胆量，帮你克服紧张心理。

开始练习时，最好选择句子较短、内容简单的材料进行，这样便于你把握、记忆、复述。随着训练的深入，你可以逐渐选一些句子较长，情节丰富的材料进行练习。这样由易到难，循序渐进，效果会更好。

这种练习一定要有耐心与毅力。有的同学一开始就选用那些长句子、情节复杂的文章作为训练材料，结果常常是欲速则不达。这就像我们学走路一样，没学会走，就要学跑是一定会摔跤的。而且这个训练有时显得很烦琐、麻烦，甚至是枯燥乏味，这就需要我们要有耐心与毅力，要知难而进，勇于吃苦，不怕麻烦。

五、模仿法

模仿的过程也是一个学习的过程。我们练口才也可以利用模仿法，向这方面有专长的人模仿。这样天长日久，我们的口语表达能力就能得到提高。其方法如下：

第一，模仿专人。在生活中找一位口语表达能力强的人，请他讲几段最精彩的话，录下来，供你进行模仿。你也可以把你喜欢的、又适合你模仿的播音员、演员的声音录下来，然后进行模仿。

第二，专题模仿。几个好朋友在一起，请一个人先讲一段小故事，然后大家轮流模仿，看谁模仿得最像。为了提高积极性，可以采用打分的形式，大家一起来评分，表扬模仿最成功的一位。这个方法简单易行，且有娱乐性，只要有三四个人就能进行。

所要注意的是，每个人讲的小故事，一定要新鲜有趣，大家爱听爱学。而且在讲以前一定要进行一些准备，内容要讲准确，语言表达要生动、形象，千万不要把一些错误的东西加进去，否则模仿的人跟着错了，害人害己。

第三，随时模仿。如果你每天都听广播、看电视和电影，那么你就可以随时对播音员、演员进行模仿，注意他们的声音、语调、神态、动作，边听边模仿，边看边模仿，天长日久，你的口语能力就会得到提高。而且这样做会增加你的词汇量，增长你的文学知识。但是切记，一定要尽量模仿得像，要从模仿对象的语气、语速、表情、动作等多方面进行模仿，并在模仿中有创造，力争在模仿中超过对方。

在进行这种练习时，要注意选择适合自己的对象进行模仿。要选择那些对自己身心有好处的语言、动作进行模仿，有的人模仿力很强，可是在模仿时不够严肃认真，专拣一些脏话进行模仿，久而久之，就形成了一种低级的趣味，我们反对这种模仿方法。

模仿法是一种简单易学、娱乐性强、见效快的方法，尤其适合学生练习。

六、描述法

描述法类似于看图说话，只是我们要看的不仅仅是书本上的图，还有生活中的一些景、事、物、人，而且要求也比看图说话高一些。简单地说，描述法就是把你看到的景、事、物、人用描述性的语言表达出来。

描述法比以上的几种训练法更进了一步，没有现成的演讲词、散文、诗歌等做你的练习材料，而要求你自己去组织语言进行描述。所以描述法训练的主要目的就在于训练人们的语言组织能力和语言的条理性。

无论是演讲、说话，还是辩论都需要较强的语言组织能力，没有这种能力也就不可能有能言善辩之才，语言组织能力是口语表达能力的一项基本功。

其方法是将一幅画或一个景物作为描述的对象。第一步，对要描述对象进行观察；第二步，描述。描述时一定要抓住景物的特点，要有顺序地进行描述。

其要求是：抓住特点进行描述，语言要清楚、生动、活泼，要有一定的文采；要讲顺序，不要东一句、西一句、南一句、北一句，你描述出的东西要让人听了以后能知道它是什么。描述的时候允许有联想与想象。

比如，你观察到秋天的湖边有一位白发苍苍的老爷爷孤独地坐在斑驳陆离的树荫下，你就可能产生一种联想，想到了自己的爷爷，也可能想到这个老人的生活晚景，还可能想到"夕阳无限好，只是近黄昏"这句诗……那么在描述的时候，你就可以把这一切都加进去，使你的描述更充实、生动。

七、角色扮演法

角色一词，我们是从戏剧、电影中借用来的，是指演员扮演的戏剧或电影中的人物。我们这里的角色，与戏剧、电影中讲的角色，有着相同的意义。

角色扮演法，就是要我们学演员那样去演戏，去扮演作品中出现的不同人物，当然这个扮演主要是在语言上。其方法是：

第一步，选一篇有情节、有人物的小说或戏剧作为材料；第二步，对选定的材料进行分析，特别要分析人物的语言特点；第三步，根据作品中人物的多少，找人分别扮演不同的角色，比比看谁最能成功地扮演自己的角色；第四步，一个人可以扮演多种角色，以此培养自己的语言适应力。

这种训练的目的，在于培养人的语言适应性、个性，以及适当的表情、动作。

这种训练法重在"演"，它有别于对朗诵的要求。它不仅要求扮演者声音洪亮，充满感情，停顿得当，还要求绘声绘色、惟妙惟肖地把人物的性格表现出来，而且要配有一定的动作和表情。从这个角度看，这个训练是有一定难度的。但只要我们朝着这个方向努力，我们就会成功。

八、讲故事法

学习讲故事是练口才的一种好方法。

讲故事，可以训练人的多种能力。因为故事里面既有独白，又有人物对话，还有描述性的语言、叙述性的语言，所以讲故事可以训练人的多种口语表达能力。其方法是：

第一，分析故事中的人物。故事的情节和主题大都是通过人物的语言、行动表现出来的，所以我们在讲故事以前就要先研究人物的性格特征，以及人物之间的关系。比如，我们要讲《皇帝的新装》这个童话故事，那么你就要分析其中的几个人物的性格，然后把国王的愚蠢无知，骗子的狡诈阴险，大臣的阿谀奉承、不分是非，乃至小孩的天真无邪都用语言表现出来，这是一项十分艰巨的工作。

第二，掌握故事的语言特点。故事的语言不同于其他文学形式的语言，其最大的特点是口语化强、个性化强。所以当我们拿到一个材料的时候，不要马上就开始练习，而是先把材料改造一下，改成适合我们讲的故事。

第三，反复练讲。对材料做了以上的分析、加工以后，我们就可以开始练讲了。通过反复练讲达到对内容的熟悉，使自己的感情与故事中人物的感情相融合。另外，还要边练讲边注意设计自己的表情、动作。看看你讲故事时的表情、动作是不是与你讲的内容相一致。

讲故事法的要求是：发音准确、清楚，平舌音、翘舌音、四声都要清楚，最好用普通话讲；不要照本宣读，那样就成了念故事，要用自己的语言去讲。

因为每个人都是很喜欢听故事的，所以对于销售人员来说，如果用讲故事的方式来介绍自己的产品，就能够起到吸引顾客的作用，而取得很好的推销效果。

除了上面我们提到的练口才的几种最基本的方法之外，销售人员还应该坚持每天阅读书籍，尤其是励志书或口才书，增加自己的知识储备和词汇量的同时，还可以培养自己的积极心态，学到一些具体的表达技巧。

有人说："在这个世界上，我们唯一可以依靠的人就是我们自己。"而好的口才，也在于平时我们自己的积累和锻炼。所谓"厚积薄发"是有一定道理的，因为言语是以生活为内容的，有生活，有实践经验，才有谈话的内容；有丰富的生活内容，有丰富的实践经验，谈话的内容才能丰富起来。

因此，对于家事、国事，销售人员都要经常关注，以吸取对我们有用的东西。对于所见所闻，也都要加以思考、研究一番，尽量去了解其发生的过程、意义，从中悟出一些道理。这些都是学习和积累知识的机会。

作为销售人员，如果你不安于做一个井底之蛙，有奋发向上的目标，那么就应静下心来努力地学习，拓展自己的视野；你若不想说话空洞无物，招致客户的不待见，那就应下决心武装自己的头脑，让自己说话的内容丰富起来。